机动车交通事故责任强制保险条例

注释本

法律出版社法规中心 编

法律出版社
LAW PRESS CHINA
·北 京·

图书在版编目（CIP）数据

机动车交通事故责任强制保险条例注释本 / 法律出版社法规中心编. -- 2 版. -- 北京 : 法律出版社, 2021
（法律单行本注释本系列）
ISBN 978 - 7 - 5197 - 5777 - 9

Ⅰ. ①机… Ⅱ. ①法… Ⅲ. ①汽车保险－责任保险－保险法－法律解释－中国 Ⅳ. ①D922.284.5

中国版本图书馆 CIP 数据核字（2021）第 145136 号

机动车交通事故责任强制保险条例注释本
JIDONGCHE JIAOTONG SHIGU ZEREN QIANGZHI BAOXIAN TIAOLI ZHUSHIBEN

法律出版社法规中心 编

责任编辑 李 群 翁潇潇
装帧设计 李 瞻

出版发行 法律出版社
编辑统筹 法规出版分社
责任校对 张红蕊
责任印制 张建伟
经　　销 新华书店

开本 850 毫米×1168 毫米 1/32
印张 4.625 **字数** 105 千
版本 2021 年 11 月第 2 版
印次 2021 年 11 月第 1 次印刷
印刷 三河市兴达印务有限公司

地址：北京市丰台区莲花池西里 7 号（100073）
网址：www.lawpress.com.cn
投稿邮箱：info@lawpress.com.cn
举报盗版邮箱：jbwq@lawpress.com.cn
销售电话：010 - 83938349
客服电话：010 - 83938350
咨询电话：010 - 63939796

书号：ISBN 978 - 7 - 5197 - 5777 - 9　　**定价**：16.00 元
凡购买本社图书，如有印装错误，我社负责退换。电话：010 - 83938349

编辑出版说明

现代社会是法治社会，社会发展离不开法治护航，百姓福祉少不了法律保障。遇到问题依法解决，已经成为人们处理矛盾、解决纠纷的不二之选。然而，面对纷繁复杂的法律问题，如何精准、高效地找到法律依据，如何完整、准确地理解和运用法律，日益成为人们"学法、用法"的关键所在。

为了帮助读者快速准确地掌握"学法、用法"的本领，我社开创性地推出了"法律单行本注释本系列"丛书，至今已十余年。本丛书历经多次修订完善，现已出版近百个品种，涵盖了社会生活的重要领域，已经成为广大读者学习法律、应用法律之必选图书。

本丛书具有以下特点：

1. 出版机构权威。成立于1954年的法律出版社，是全国首家法律专业出版机构，始终秉承"为人民传播法律"的宗旨，完整记录了中国法治建设发展的全过程，享有"社会科学类全国一级出版社"等荣誉称号，入选"全国百佳图书出版单位"。

2. 编写人员专业。本丛书皆由相关法律领域内的专业人士编写，并引入匿名审稿评估制度，确保图书内容始终紧跟法治进程，反映最新立法动态，体现条文内涵。

3. 法律文本标准。作为专业的法律出版机构，多年来，我社始终使用全国人民代表大会常务委员会公报刊登的法律文本，积淀了丰富的标准法律文本资源，并根据立法进度及时更新相关内容。

4. 条文注解精准。本丛书以立法机关的解读为蓝本，对每个条文提炼出条文主旨，并对重点条文进行注释，使读者能精准掌握立法意图，轻松理解条文内容。

5. 配套附录实用。书末“附录”部分收录的均为重要的相关法律、法规和司法解释，使读者在使用中更为便捷，使全书更为实用。

需要说明的是，本丛书中“适用提要”“条文主旨”“条文注释”等内容皆是编者为方便读者阅读、理解而编写，不同于国家正式通过、颁布的法律文本，不具有法律效力。本丛书不足之处，恳请读者批评指正。

我们用心打磨本丛书，以期待为法律相关专业的学生释法解疑，致力于为每个公民的合法权益撑起法律的保护伞。

法律出版社法规中心

2021年11月

目　　录

附　　录

《机动车交通事故责任强制保险条例》适用提要

2003年10月28日，我国通过了《道路交通安全法》[①]，该法第17条明确规定，“国家实行机动车第三者责任强制保险制度”。所以，“机动车第三者责任强制保险”是法律规定强制实施的保险险种。2006年3月21日，国务院公布《机动车交通事故责任强制保险条例》（以下简称《条例》），这是国家以立法的形式强制机动车所有人或者管理人购买机动车交通事故责任强制保险（以下简称交强险），是为机动车道路交通事故的受害人提供基本保障的重大举措。这是我国保险业法治建设的重大进步，也是政府执政为民的体现。随着社会经济的不断发展，《条例》已经不能适应社会发展。因此，国务院于2012年3月30日、2012年12月17日、2016年2月6日、2019年3月2日对《条例》进行了4次修订，为我国交强险的发展提供了更完善的法律保障。《条例》主要有以下规定：

---

① 为方便读者阅读，本书中法律法规名称均使用简称。

第一,强制性规定。《条例》最明显的亮点在于:基于社会公共利益的需要而对契约自由进行合理限制,原本是由缔约双方依照自愿原则签订合同,现在强制双方都必须签订强制保护第三者的保险合同。一方面,未投保交强险的机动车不得上路;另一方面,具有经营交强险资格的保险公司既不能拒绝承保交强险业务,也不能随意解除交强险合同(投保人未履行如实告知义务的除外)。

第二,"奖优罚劣"的规定。利用经济杠杆促使驾驶人员守法合规是世界各国强制保险制度的通行做法,对有交通违法行为和发生交通事故的保险车辆提高保费,对没有交通违法行为和没有发生交通事故的保险车辆降低保费。

第三,规定社会效益原则。我国实施交强险制度,其目的是维护社会公共利益,而不是为保险公司拓展销售渠道、谋取利益提供方便。为了使公众利益得到保护,保险公司能够正常经营,保险公司经营交强险不以营利为目的,并且交强险业务必须与其他业务分开管理、单独核算。

第四,保障及时理赔。设立交强险制度的目的在于保障交通事故受害人依法得到及时的医疗救助和有效的经济补偿,因此,为防止保险公司拖延赔付、无理拒赔,保护交通事故受害人的利益,《条例》规定了保险公司的义务。与商业第三者责任险的理赔规定相比,本条例关于交强险的理赔规定更明确、具体、严格,更能切实保障交通事故受害人的权益,使交通事故受害人能够得到及时理赔。

第五,建立了救助基金制度。道路交通事故社会救助基金是《条例》的重要组成部分,承担了较大的社会职责。

《条例》调整的是交通领域的特殊关系——交强险，其关系重大民生，与之相关的主要法律法规有《道路交通安全法》《保险法》《道路交通安全法实施条例》等。

机动车交通事故责任强制保险条例

（2006年3月21日国务院令第462号公布　根据2012年3月30日《国务院关于修改〈机动车交通事故责任强制保险条例〉的决定》第一次修订　根据2012年12月17日《国务院关于修改〈机动车交通事故责任强制保险条例〉的决定》第二次修订　根据2016年2月6日《国务院关于修改部分行政法规的决定》第三次修订　根据2019年3月2日《国务院关于修改部分行政法规的决定》第四次修订）

第一章　总　　则

第一条　【立法目的和立法依据】[①]为了保障机动车道路交通事故受害人依法得到赔偿，促进道路交通安全，根据《中华人民共和国道路交通安全法》、《中华人民共和国保险法》，制定本条例。

条文注释[②]

制定本条例的目的首先在于为机动车道路交通事故的

---

①② 条文主旨、条文注释为编者所加，仅供参考，下同。——编者注

受害人提供基本保障,及时、合理地补偿其遭受的损害。在此基础上,借助交强险所具有的社会管理效用,能够更好地履行政府职责,促进道路交通安全,进而维护社会大众的安全与利益。

同时,交强险制度的建立对完善我国的立法体系,保障人民生命财产安全,促进道路交通安全以及维护社会稳定等具有非常重要的意义。

关联法规

《道路交通安全法》第17条

第二条 【投保主体和适用范围】在中华人民共和国境内道路上行驶的机动车的所有人或者管理人,应当依照《中华人民共和国道路交通安全法》的规定投保机动车交通事故责任强制保险。

机动车交通事故责任强制保险的投保、赔偿和监督管理,适用本条例。

条文注释

根据本条规定,在我国境内道路上行驶的机动车应当投保交强险,因此本条明确了机动车所有人和管理人的强制投保义务。强制保险,也称法定保险,是一国政府或地区基于公共政策,为维护社会公众利益,通过颁布法律强制实施某种保险的制度。强制保险表明,要充分发挥保险的经济补偿和社会管理功能,不仅需要保险业界的努力,也需要政府发挥必要的作用和给予一定的支持。对于关系人身安全和社会稳定的风险,强制保险是尽力挽救伤者生命,体现社会对生命权的尊重和减少社会矛盾的经济高效手段。就交强险而言,其本意是分散加害人损害赔偿责任,也间接惠及交通事故受害人,因此世界各国均通过制定相关法律强制机动车所有人和管理人投保交强险。

根据本条第 2 款的规定,本条例仅适用于交强险的投保、赔偿和监督管理 3 个环节。同时,对于本条例未规定而交强险必然涉及的其他环节,如保险合同的成立、生效与变更,保险赔偿金的给付期限,经营交强险的保险公司资格审定等事项,可参照适用《保险法》及相关法规和规章的规定。

关联法规

《道路交通安全法》第 17 条

第三条 【交强险的含义】本条例所称机动车交通事故责任强制保险,是指由保险公司对被保险机动车发生道路交通事故造成本车人员、被保险人以外的受害人的人身伤亡、财产损失,在责任限额内予以赔偿的强制性责任保险。

条文注释

责任保险,又称第三者责任保险,是指被保险人依法对第三者负损害赔偿责任时,由保险人负补偿责任的保险。一般来说,责任保险被归入广义的财产保险范畴,我国《保险法》即采用了这种立法体例。交强险是在既有商业机动车责任保险的基础上发展起来的,究其本质,仍然属于责任保险范畴。当受害人因被保险机动车肇事遭受人身伤亡、财产损害时,其有权依据《民法典》《道路交通安全法》等法律、法规的规定向被保险人请求赔偿。通过责任保险,被保险人可在一定限额内将责任风险转嫁给保险人。同时,受害人的利益也会得到及时、合理的补偿。

需要注意的是,根据本条规定,受害人不包括本车人员及被保险人。这种规定是出于降低制度成本、防范道德风险的考虑,也是符合国际管理规定的。被保险机动车本车人员,是指除驾驶人以外的车上承载人员。

关联法规

《保险法》第51条

第四条 【交强险的监督】国务院保险监督管理机构依法对保险公司的机动车交通事故责任强制保险业务实施监督管理。

公安机关交通管理部门、农业(农业机械)主管部门(以下统称机动车管理部门)应当依法对机动车参加机动车交通事故责任强制保险的情况实施监督检查。对未参加机动车交通事故责任强制保险的机动车,机动车管理部门不得予以登记,机动车安全技术检验机构不得予以检验。

公安机关交通管理部门及其交通警察在调查处理道路交通安全违法行为和道路交通事故时,应当依法检查机动车交通事故责任强制保险的保险标志。

条文注释

本条规定了3层含义:(1)国务院保险监督管理机构是交强险业务的监督管理部门;(2)公安机关交通管理部门、农业(农业机械)主管部门是交强险的监督检查部门;(3)公安机关交通管理部门及其交通警察对交强险的保险标志进行日常检查。

根据《保险法》的规定,国务院保险监督管理机构是全国商业保险的主管部门,其根据国务院授权履行行政管理职能，依照法律、法规统一监督管理全国保险市场。根据《道路交通安全法》的有关规定，我国对机动车实行登记制度，机动车经公安机关交通管理部门登记后，方可上道路行驶；对于上道路行驶的拖拉机，由农业（农业机械）主管部门行使管理职权。因此，本条规定由机动车管理部门承担监督检查机动车参加强制保险情况这一职责是符合法律规定的，也是合理的。

关联法规

《保险法》第108条

《道路交通安全法》第16、95、121条

《道路交通安全法实施条例》第5、13、86条

第二章　投　　保

第五条　【承保主体】保险公司可以从事机动车交通事故责任强制保险业务。

为了保证机动车交通事故责任强制保险制度的实行，国务院保险监督管理机构有权要求保险公司从事机动车交通事故责任强制保险业务。

除保险公司外，任何单位或者个人不得从事机动车交通事故责任强制保险业务。

条文注释

交强险制度的设立，是为了在不过分加重投保人负担的情况下，使机动车道路交通事故受害人及时得到赔偿。为实现这一目的，本条例第6条第1款明确规定，交强险实行统

一的保险条款和基础保险费率，国务院保险监督管理机构按照交强险业务总体上不盈利不亏损的原则审批保险费率。因此，交强险与一般商业保险的经营原则有所不同，保险公司在经营交强险时，其利润空间受到了严格限制。这样也就可能导致出现没有保险公司愿意经营交强险业务，交强险制度无法推行的情形。针对该种情形，本条第2款规定赋予国务院保险监督管理机构作为交强险业务的主管部门要求保险公司从事该项业务的权力，以确保交强险制度在特殊情形下也能继续运行。这是从维护整个交强险制度的存续和保护道路交通事故受害人的角度出发作出的规定。

关联法规

《保险法》第154条

第六条 【保险费率、制定程序】机动车交通事故责任强制保险实行统一的保险条款和基础保险费率。国务院保险监督管理机构按照机动车交通事故责任强制保险业务总体上不盈利不亏损的原则审批保险费率。

国务院保险监督管理机构在审批保险费率时，可以聘请有关专业机构进行评估，可以举行听证会听取公众意见。

条文注释

交强险在不同地区、不同保险公司之间实行统一的保险条款，即不同的投保人和被保险人享有相同的保险保障、责任限额、赔偿标准和权利，应当履行同样的义务；不同的保险公司应当履行相同的义务。为便于实行统一的保险条款，中国保险行业协会可以代表保险行业制定《机动车交通事故责任强制保险条款》。其履行相关审批手续后，各公司可以使用行业统一条款。

交强险在不同地区、不同保险公司之间实行相同的基础费率，即同一使用性质的同一车型机动车的基础风险保费费率相同。这种做法有利于分摊风险，有利于维护广大消费者的利益，也有利于交强险业务的监督和管理。同时，由于我国幅员辽阔，地区差异较大，保险公司之间的经营水平也不尽相同，交强险的附加费率以及风险修正系数实行差异化，即根据行驶区域及驾驶人性别、年龄、驾龄、安全驾驶记录等风险因素差异，以及保险公司经营成本差异因素，同一车型的费率水平不同。

本条规定的不盈利不亏损原则，要求费率的厘定基于正常经营的标准成本之上，既坚持不以该保险营利，又不导致保险公司因此亏损进而丧失办理该保险的积极性。

关联法规

《保险法》第114、135、136条

《行政许可法》第46～48条

《财产保险公司保险条款和保险费率管理办法》第5～7条

第七条 【管理、核算以及费率调整】保险公司的机动车交通事故责任强制保险业务，应当与其他保险业务分开管理，单独核算。

国务院保险监督管理机构应当每年对保险公司的机动车交通事故责任强制保险业务情况进行核查，并向社会公布；根据保险公司机动车交通事故责任强制保险业务的总体盈利或者亏损情况，可以要求或者允许保险公司相应调整保险费率。

调整保险费率的幅度较大的，国务院保险监督管理机构应当进行听证。

条文注释

交强险关系广大消费者的切身利益，目前，我国采用商业化运作方式，在不以营利为目的的前提下，由商业保险公司经营和管理交强险业务。为了防止保险公司借交强险业务名义，捆绑销售其他商业险种，或者将商业险种发生的经营管理费用、理赔费用等支出纳入交强险，提高交强险的成本，本条规定交强险业务必须与其他商业保险业务分开管理，采取单独管理和单独核算，严格控制成本和费用支出。

交强险业务在费率厘定时要遵循本条例第6条规定的“不盈利不亏损”原则，但在实际经营过程中，存在营利或亏损的可能。因此，国务院保险监督管理机构应加强对保险公司经营强制保险业务的核查，及时调整费率。

为确保交强险费率厘定的合理性与透明度，交强险费率听证应遵循公开、公正、客观和效率原则，广泛听取社会公众意见，并接受社会监督。听证组织者和主持人为国务院保险监督管理机构；听证申请人为经营交强险业务的保险公司或保险行业协会；听证代表为社会各界代表。

关联法规

《保险法》第95条

《保险公司管理规定》第43条

《行政许可法》第46～48条

第八条　【浮动费率制度】被保险机动车没有发生道路交通安全违法行为和道路交通事故的，保险公司应当在下一年度降低其保险费率。在此后的年度内，被保险机动车仍然没有发生道路交通安全违法行为和道路交通事故的，保险公司应当继续降低其保险费率，直至最低标准。被保险机动车发生道路交通安全违法行为或者道路交通事故的，保险公司应当在下一年度提高其保险费率。多次发生道路交通安全违法行为、道路交通事故，或者发生重大道路交通事故的，保险公司应当加大提高其保险费率的幅度。在道路交通事故中被保险人没有过错的，不提高其保险费率。降低或者提高保险费率的标准，由国务院保险监督管理机构会同国务院公安部门制定。

条文注释

本条是关于建立“奖优罚劣”的保险费率浮动机制的规定。在理解本条时，主要注意以下几个方面：

(1)本条关于“被保险机动车没有发生道路交通安全违法行为和道路交通事故的，保险公司应当在下一年度降低其保险费率”的规定，明确了道路交通安全记录、赔偿记录良好的被保险人享有费率优惠的法定权利。这是对驾驶人遵守道路交通安全法律法规的一种经济激励机制。只有那些遵守道路交通安全法律法规和没有发生道路交通事故的驾驶人，才能享受降低费率的优惠；而且，如果在享受费率优惠的年度内仍然没有发生道路交通安全违法行为和道路交通事故，下一年度的保险费率可以继续降低。这种规定加大了奖励力度，更好地体现公平原则。

（2）本条关于“在此后的年度内，被保险机动车仍然没有发生道路交通安全违法行为和道路交通事故的，保险公司应当继续降低其保险费率，直至最低标准”的规定，是指费率的降低幅度不是无限制的，其受到下限的限制，即保险费率降低到最低标准后，即使机动车仍然没有发生交通安全违法行为和道路交通事故，也不再降低其保险费率。

（3）本条关于“被保险机动车发生道路交通安全违法行为或者道路交通事故的，保险公司应当在下一年度提高其保险费率”的规定，明确了对违反道路交通安全法律法规、发生道路交通事故的驾驶人提高其保险费率的法律依据。这是对不遵守道路交通安全法律法规的驾驶人或肇事驾驶人的一种经济惩罚机制，提高了违章肇事者对自己不当行为应付出的成本，督促其安全驾驶。

（4）本条关于“在道路交通事故中被保险人没有过错的，不提高其保险费率”的规定，明确了虽然被保险人发生道路交通事故，但是可以不提高保险费率的情形。在整个事故过程中，驾驶人未有任何违章行为，亦属于事故的“无辜受害者”，理应不再受到费率的惩罚，因此，不应该提高其下一年度的保险费率。

（5）本条关于“降低或者提高保险费率的标准，由国务院保险监督管理机构会同国务院公安部门制定”的规定，主要有两层含义：一是费率浮动的条件、幅度、方法及管理等具体的操作性规定，由有关部门制定；二是明确了制定费率浮动标准的主体部门，即主要由国务院保险监督管理机构会同公安部门制定。

关联法规

《保险法》第114、135条

第九条　【信息共享机制】国务院保险监督管理机构、国务院公安部门、国务院农业主管部门以及其他有关部门应当逐步建立有关机动车交通事故责任强制保险、道路交通安全违法行为和道路交通事故的信息共享机制。

条文注释

根据本条规定，保险公司向公安机关交通管理部门提供投保人、投保机动车道路交通事故肇事损失和赔偿等方面的信息，公安机关交通管理部门、国务院农业主管部门向保险公司提供汽车、拖拉机等机动车及其所有人的违章记录等信息。合作建立信息共享机制，是各方依法必须履行的义务。

建立有关交强险、道路交通安全违法行为和道路交通事故的信息共享机制，是利用经济手段辅助道路交通安全工作管理的有效手段。一方面，保险公司可以利用公安机关交通管理部门、农业主管部门等有关机动车及其所有人、驾驶人的道路交通安全信息，准确地厘定保险费率，科学地采用差异性价格，实行奖优罚劣，利用经济手段督促驾驶人提高交通意识，有力改善道路交通安全状况。另一方面，公安机关交通管理、农业主管等部门可以利用保险公司的机动车出险记录、赔偿等信息，更加全面地掌握每一辆机动车的道路交通肇事情况，有利于公安机关交通管理、农业主管等部门有针对性地对重点车辆（或驾驶人）实行重点管理，甚至可以根据保险公司的统计数据分析，对某一类型机动车的安全性能进行重新审查，能够大大提高道路交通安全工作的管理效率，实现保险与道路交通安全管理工作的良性互动。

关联法规

《道路交通安全法》第5、121条

第十条 【强制承保义务】投保人在投保时应当选择从事机动车交通事故责任强制保险业务的保险公司，被选择的保险公司不得拒绝或者拖延承保。

国务院保险监督管理机构应当将从事机动车交通事故责任强制保险业务的保险公司向社会公示。

条文注释

在中华人民共和国境内道路上行驶的机动车的所有人和管理人，必须依法投保交强险，否则机动车不得上道路行驶。因此，机动车所有人和管理人对是否投保机动车交通事故责任强制保险没有选择权，但对于购买哪家保险公司的交强险具有选择权，投保人可以在从事交强险业务的保险公司中自由选择一家保险公司作为保险人。

对保险公司而言，在经营交强险过程中，如果投保人提出投保要求，保险公司必须承保，不得以任何理由或者任何方式加以拒绝或者进行拖延。这是对保险公司承保选择权的限制，这种限制是保证整个交强险制度顺利运行的重要一环；否则，投保人可能陷入无保险公司愿意承保，其所有的或管理的机动车一旦上路行驶则可能被扣留并处以罚款的尴尬境地。

本条第2款规定了国务院保险监督管理机构对从事交强险业务的保险公司，具有向社会公示的义务。这一规定是为了保证投保人充分了解有哪些保险公司能够从事交强险业务以及可以向哪些保险公司投保，对于投保人了解相关信息、方便投保，具有十分积极的现实意义。

关联法规

《民法典》第5条

《保险法》第11、13～16条

第十一条 【重要事项的如实告知义务】投保人投保时，应当向保险公司如实告知重要事项。

重要事项包括机动车的种类、厂牌型号、识别代码、牌照号码、使用性质和机动车所有人或者管理人的姓名（名称）、性别、年龄、住所、身份证或者驾驶证号码（组织机构代码）、续保前该机动车发生事故的情况以及国务院保险监督管理机构规定的其他事项。

条文注释

保险合同中的最大诚信原则要求保险合同当事人必须履行如实告知义务。实践中，保险人不可能对每一保险标的进行详尽的实地调查，也不可能一一了解与保险标的有关的所有情况，因此，保险人要求投保人必须如实告知与投保风险有关的重要事项，以便其决定投保人的车辆是否属于可以投保的车辆以及收取多少保费。如实告知义务通常有以下要求：在订立保险合同前，投保人/被保险人有义务告知与保险相关的全部重要事项；在保险责任开始以后，当发生与保险标的、承保危险等相关事项的变更时，投保人/被保险人有义务告知变更的重要事项；在定期保单续保之前，发生与续保相关的重要事项时，投保人/被保险人有义务如实告知保险人。需要注意的是，投保人只要提出交强险要求，就必须向保险公司如实告知重要事项，而不以保险公司的询问为限。

投保人是否对重要事项履行了如实告知义务，直接关系保险公司是否有权解除保险合同（详见本条例第14条的规定），因此，投保人应当如何履行如实告知义务对于交强险合同双方当事人而言都至关重要。

关联法规

《保险法》第16条

《道路交通安全法实施条例》第86条

第十二条　【投保人支付保险费义务以及保险公司交付保险单和保险凭证的义务】签订机动车交通事故责任强制保险合同时，投保人应当一次支付全部保险费；保险公司应当向投保人签发保险单、保险标志。保险单、保险标志应当注明保险单号码、车牌号码、保险期限、保险公司的名称、地址和理赔电话号码。

被保险人应当在被保险机动车上放置保险标志。

保险标志式样全国统一。保险单、保险标志由国务院保险监督管理机构监制。任何单位或者个人不得伪造、变造或者使用伪造、变造的保险单、保险标志。

条文注释

按照本条规定，投保人必须一次支付全部保险费，这与一般商业险允许分期支付存在较大区别。保险公司应当向投保人签发交强险的保险单和保险标志。保险单和保险标志是保险合同的重要证明，同时，其对于交强险的监督管理以及方便对道路交通事故中受害人进行及时救治，均具有重要的意义。因此，及时签发交强险的保险单和保险标志是保险公司必须履行的义务。

保险标志是本条例中特别规定的，用来证明保险关系存在，有利于公安机关交通管理部门实施监督管理，以保证制度在尽可能广泛的范围内得到落实。如果被保险人未按规定放置保险标志，公安机关交通管理部门应当扣留机动车，通知当事人提供交强险的保险标志或者补办相应手续，并可以处警告或者20元以上200元以下罚款。

此外，不得伪造、变造或者使用伪造、变造的交强险的保险标志，或者使用其他机动车的交强险的保险标志，否则，行为人将被公安机关扣留机动车辆并处以罚款。本条例第40条即规定了相关内容。

关联法规

《道路交通安全法》第11、16、95、96条

《道路交通安全法实施条例》第13条

第十三条 【合同双方禁止附加条件的义务】签订机动车交通事故责任强制保险合同时，投保人不得在保险条款和保险费率之外，向保险公司提出附加其他条件的要求。

签订机动车交通事故责任强制保险合同时，保险公司不得强制投保人订立商业保险合同以及提出附加其他条件的要求。

条文注释

根据本条例的规定，交强险实行统一的保险条款和基础保险费率，国务院保险监督管理机构按照交强险业务总体上不盈利不亏损的原则审批保险费率。统一的保险条款和基础保险费率不得随意更改，保险合同双方当事人都必须遵守。保险公司未按照统一的保险条款和基础保险费率从事

交强险业务的，由国务院保险监督管理机构责令改正，并处5万元以上30万元以下罚款；情节严重的，可以限制业务范围、责令停止接受新业务或者吊销经营保险业务许可证。本条第1款实际上是从合同内容的角度再次强化了交强险的不可选择性和强制性。

同时，保险公司不得强制投保人订立商业保险合同以及提出附加其他条件的要求。实践中，具备交强险业务经营资格的保险公司在签订交强险合同方面具有较大的主动权。本条第2款就是为了避免保险公司滥用其优势地位而设定的。当然，保险公司可以采用正常的推销方式向投保人推荐、销售各类商业保险产品，但不得借签订交强险合同之机，强制投保人购买商业保险产品，尤其不得以购买某种商业保险产品作为签订强制保险合同的条件。

关联法规

《民法典》第4条

《保险法》第11条

第十四条 【保险公司解除交强险合同的禁止及例外】保险公司不得解除机动车交通事故责任强制保险合同；但是，投保人对重要事项未履行如实告知义务的除外。

投保人对重要事项未履行如实告知义务，保险公司解除合同前，应当书面通知投保人，投保人应当自收到通知之日起5日内履行如实告知义务；投保人在上述期限内履行如实告知义务的，保险公司不得解除合同。

条文注释

通常意义上的合同解除，是指合同有效成立以后，因当事人一方或双方的意思表示而使基于合同发生的债权债务归于消灭的行为。合同解除行为有多种形式,可以分为两大类:一类是合同当事人意思表示一致协商解除;另一类是当事人行使解除权而将合同解除。但是,本条例关于交强险合同解除的规定与其他保险合同以及非保险合同有所不同。这种合同有两个特点:(1)除本条规定的投保人未履行如实告知义务的情形外,保险公司不得援引《保险法》或其他法律规定来解除合同;(2)当事人不得通过约定来规避保险公司解除合同的禁止性规定。可见,对于交强险合同,保险公司不得解除合同是基本原则,其法定解除权被严格限制在一定的范围内。

如此严格的立法限制,与交强险制度的目的和强制保险合同的特殊性有关。国家设立交强险制度,并非出于追求商业利益的目的,而是要弥补道路交通事故中受害人遭受的损害,虽然由保险公司以业务承保的形式运作,但其实质体现了社会救助和社会保障的性质和功能。相应地,交强险合同也与一般保险合同不同,从合同订立到实际履行,更多地体现了强制性的国家意志,合同自由原则受到极大限制。

关联法规

《民法典》第465、563~566条

《保险法》第15~17条

第十五条 【保险公司解除交强险合同的程序】保险公司解除机动车交通事故责任强制保险合同的,应当收回保险单和保险标志,并书面通知机动车管理部门。

条文注释

根据本条规定,保险公司解除交强险合同的,除根据本条例第14条规定要书面通知投保人外,还应当收回保险单和保险标志，并书面通知机动车管理部门。通知机动车管理部门是为了实现强制保险制度与机动车管理部门的互相配合，有利于后者及时掌握该机动车的最新投保信息，在监督检查和调查处理道路交通事故和道路交通安全违法行为时，做到心中有数。

保险合同解除，强制保险关系终止，应当及时收回保险人签发的、由投保人或被保险人持有的保险单和保险标志，以免机动车投保交强险状况不明，给机动车的管理和道路交通事故的处理造成不必要的麻烦，防止机动车所有人、管理人或驾驶人利用有关保险单证逃避责任。

关联法规

《民法典》第566条

《道路交通安全法》第11条

第十六条 【投保人解除交强险合同的禁止及例外】 投保人不得解除机动车交通事故责任强制保险合同，但有下列情形之一的除外：

（一）被保险机动车被依法注销登记的；

（二）被保险机动车办理停驶的；

（三）被保险机动车经公安机关证实丢失的。

条文注释

对于一般的商业保险合同，《保险法》赋予了投保人相对自由的合同解除权，即除《保险法》另外规定或当事人另有约定外，投保人可以任意解除合同。但本条例对投保人的合同解除则作了禁止性的原则规定，这与第14条对保险公司解除权的限制一样，是基于交强险的公共政策性质的价值选择。

本条规定了3种可以解除合同的法定情形。(1)被保险机动车被依法注销登记的,包括因强制报废、机动车灭失或其他原因办理注销登记的情形。在此类情形中,投保人实际上已经失去了可保利益,因此,交强险已经失去意义,投保人可以解除合同。(2)机动车办理停驶手续。按照交通管理的相关规定,长期不上路行驶的车辆可以办理停驶手续,并交回号牌和行驶证。车辆不再上路,其不再存在致人伤亡或财产损失的风险,因此,投保人无须为不存在的风险提供保障,故允许投保人在办理停驶手续后解除交强险合同。(3)若机动车被他人盗窃、因个人疏忽等因素丢失,则保险利益关系已经终止,强制保险已无存在的必要,应当允许投保人解除保险合同。

关联法规

《道路交通安全法》第14条

第十七条 【解除交强险合同的法律效力】机动车交通事故责任强制保险合同解除前,保险公司应当按照合同承担保险责任。

合同解除时,保险公司可以收取自保险责任开始之日起至合同解除之日止的保险费,剩余部分的保险费退还投保人。

条文注释

本条第1款规定了合同解除前保险责任的划分。在交强险制度中,为了保证合同关系的稳定,法律对投保人和保险公司解除强制保险合同的权利都作出了严格的限制。同时,保险公司或投保人作出合同解除的意思表示至合同真实解除,存在一定的时间差,如果对在此期间发生的保险事故没有明确规定,双方可能发生法律争议。因此,本条例规定,在合同解除发生效力前所发生的保险事故,其责任由保险公司承担。

本条第2款对合同解除后的保险费清退进行了规定。按照保险合同双务性的要求,当投保人履行缴纳保险费的义务后,保险公司依照合同约定提供风险保障。投保人在既往时间内得到的风险保障是无法恢复或返还的,在法定解除条件成立时,其合同效力自解除始无效。因此,对已缴清保费的投保人,保险公司有权扣除至合同解除日为止的保险费,退还剩余保险费。

关联法规

《保险法》第16、49条

第十八条 【投保人变更交强险合同的义务】被保险机动车所有权转移的,应当办理机动车交通事故责任强制保险合同变更手续。

条文注释

对于一般财产保险而言,保险标的的转让应当通知保险人,经保险人同意继续承保后,依法变更合同(货物运输保险合同除外)。但是,对于交强险合同而言,为了保证保险合同的连续性,投保车辆的所有人变更无须保险公司同意,而只要求其在机动车所有权转移后前往保险公司办理变更手续,保险公司不能拒绝变更要求。关于办理变更手续的主体,本条例没有明确规定是出让方还是受让方。从实践看,在过户前,机动车出让人一般主动向保险公司提出变更要求;如延至过户后,则受让人应当及时向保险公司要求办理保险合同的变更。

因车辆所有人变更而引起的合同变更，本条例未规定保险公司有清退及重新计收保费的义务。因此，在办理相关手续的过程中，如果发生交通事故导致人身伤亡或财产损失，由于该车辆的强制保险合同仍有效，保险公司仍应依原合同规定赔付受害人的相应损失。

关联法规

《民法典》第553～556条

《道路交通安全法》第12条

第十九条 【投保人对交强险的续保义务】机动车交通事故责任强制保险合同期满，投保人应当及时续保，并提供上一年度的保险单。

条文注释

交强险基于保护不特定的交通事故第三方的利益，对保单的持续有效提出了严格的要求。投保人有以下两项义务：一是必须投保；二是在其所有或管理机动车辆期间，应当始终持有一份有效的交强险保单。因此，投保人应当在保单期满的合理期间，及时向保险公司提出延续强制保险合同的要求。在续保时，本条例要求投保人提供上一年度的保险单，以保证其投保是连续且有效的。

关联法规

《机动车交通事故责任强制保险条例》第20条

第二十条 【交强险的保险期间】机动车交通事故责任强制保险的保险期间为1年，但有下列情形之一的，投保人可以投保短期机动车交通事故责任强制保险：

（一）境外机动车临时入境的；

（二）机动车临时上道路行驶的；

（三）机动车距规定的报废期限不足1年的；

（四）国务院保险监督管理机构规定的其他情形。

条文注释

交强险合同将通常保险期间设定为1年，主要是要与机动车辆安全技术检验的期间相衔接。通过车辆安全技术检验，进一步强化对机动车辆投保的监督和管理，保证每一辆机动车始终得到保险保障。对于参加机动车安全技术检验的机动车辆，法律要求其所有人或管理人必须提供的证件包含机动车行驶证和交强险保险单，对于不能提供上述两个证件的，不予检验。

对于短期交强险合同，主要考虑到部分机动车辆的实际需要，本条例规定了3种例外的情形：(1)临时入境的机动车辆，是指出于参赛、旅游等目的在境内停留不超过3个月的车辆。根据有关规定，此类车辆的投保人应当向入境地或始发地公安机关车辆管理部门申领中华人民共和国机动车临时专用号牌和机动车临时行驶证，并且在入境地办理交强险。(2)临时上道路行驶的机动车，主要是指从事农田作业的农用车、新购置的机动车、办理停驶手续不上路的车辆。此类车辆发生临时转移时，投保人可以购买短期责任险。(3)被强制报废的车辆可以因被注销而与保险公司解除合同，或者提前预计到车辆当年将要报废，而选择购买到报废期限为止不足1年的短期责任险。

关联法规

《道路交通安全法》第8、12、14、100、122条

第三章　赔　　偿

第二十一条　【保障范围以及保险公司的赔偿原则】被保险机动车发生道路交通事故造成本车人员、被保险人以外的受害人人身伤亡、财产损失的，由保险公司依法在机动车交通事故责任强制保险责任限额范围内予以赔偿。

道路交通事故的损失是由受害人故意造成的，保险公司不予赔偿。

条文注释

本条规定的道路交通事故，是指车辆在道路上因过错或者意外造成的人身伤亡或者财产损失的事件。道路，是指公路、城市道路和虽在单位管辖范围但允许社会机动车通行的地方，包括广场、公共停车场等用于公众通行的场所。为了最大限度地保护受害人，本条例第43条规定，在道路以外的地方通行时发生的事故比照适用本条例，即也需赔偿。

根据有关司法解释，发生人身伤亡依法可以获得的赔偿项目共计15项，包括医疗费、误工费、护理费、交通费、住宿费、住院伙食补助费、营养费、残疾赔偿金、残疾辅助器具费、被扶养人生活费、康复费、后续治疗费、丧葬费、死亡补偿费、精神损害抚慰金等。保险公司根据受害人人身损害程度以及实际发生的各项费用在责任限额内给予赔偿。

需要注意的是,仅在被保险人对交通事故的发生存在故意的情况下保险公司才可以不予赔偿。即如果受害人在心理上是追求、希望或放任事故的发生,保险公司可以将此作为免除赔偿责任的抗辩理由。但是,如果受害人虽有故意违反交通规则的行为,但并不希望或者放任结果的发生,或者没有主观心理上的故意,则保险公司仍应当承担相应赔偿责任。

关联法规

《道路交通安全法》第70~77条

《道路交通安全法实施条例》第86、88~97条

《机动车交通事故责任强制保险条例》第2条

第二十二条　【保险公司的责任免除及例外】有下列情形之一的,保险公司在机动车交通事故责任强制保险责任限额范围内垫付抢救费用,并有权向致害人追偿:

(一)驾驶人未取得驾驶资格或者醉酒的;

(二)被保险机动车被盗抢期间肇事的;

(三)被保险人故意制造道路交通事故的。

有前款所列情形之一,发生道路交通事故的,造成受害人的财产损失,保险公司不承担赔偿责任。

条文注释

本条规定的"未取得驾驶资格"包括:(1)无驾驶证,主要指驾驶人不符合驾驶条件或者驾驶技术达不到规定要求,未取得驾驶证;未通过正常的学习、考核或者通过其他非法渠道获得驾驶证;伪造、变造驾驶证或驾驶证被依法吊销。(2)驾驶车辆与准驾车型不符。驾驶人需要驾驶某种类型的机动车,必须取得相应的准驾车型资格,驾驶车辆与准驾车

型不符等同于无驾驶资格。

按照本条规定，被保险机动车被盗窃、被抢劫、被抢夺期间，犯罪嫌疑人驾驶该车肇事并造成的人身伤亡或财产损失，保险公司不承担赔偿责任。被盗窃，是指被保险机动车在停放时全车被他人秘密盗取；被抢劫，是指被保险机动车在使用过程中被他人以暴力胁迫或其他方法使驾驶人不能抗拒被强行抢走；被抢夺，是指被保险机动车被他人趁被保险人或驾驶人不备公开夺取的行为。

若被保险人故意制造道路交通事故骗取保险金，则保险公司可在垫付抢救费用后向致害人追偿。在这种情况下，情节严重的，被保险人还可能会被追究刑事责任。

关联法规

《道路交通安全法》第91条

《机动车交通事故责任强制保险条例》第2、21条

第二十三条　【保险公司赔偿保险金的责任限额】机动车交通事故责任强制保险在全国范围内实行统一的责任限额。责任限额分为死亡伤残赔偿限额、医疗费用赔偿限额、财产损失赔偿限额以及被保险人在道路交通事故中无责任的赔偿限额。

机动车交通事故责任强制保险责任限额由国务院保险监督管理机构会同国务院公安部门、国务院卫生主管部门、国务院农业主管部门规定。

条文注释

在理解本条时应注意以下两个问题：

（1）全国实行统一的责任限额。责任限额，是指保险公

司每次承担事故赔偿责任的最高限额。中国地域辽阔，人民生活水平存在较大的地区差异，为了维护人民基本生命和财产安全，体现公平保障原则，交强险在全国不同的地区实行统一的责任限额，即同一类型的车辆在不同区域得到的每次事故最高赔偿额度是相同的。

(2)交强险实行分项责任限额。分项责任限额，即对死亡伤残、医疗费用、财产损失等不同类型的赔付项目分别制定不同的责任限额，各种费用支出在相应的责任限额内进行赔偿。实行分项责任限额，不但可以根据人身伤亡和财产损失的风险特点进行有针对性的保障，而且可以减低赔付的不确定性，有效控制风险，降低费率水平。

死亡伤残责任限额，是指每次事故造成受害人死亡、受伤或残疾时，用于支付除医疗费用(含抢救费用)以外的费用开支最高赔偿金额。医疗费用责任限额，是指每次事故造成受害人伤亡时，用于医疗费用(含抢救费用)开支的最高赔偿金额。财产损失责任限额，是指每次事故对受害人财产损失的最高赔偿金额。被保险人在道路交通事故中无责任的赔偿限额，是指被保险人在道路交通事故中无过错的情况下，保险公司对于受害人的人身伤亡和财产损失所承担的最高赔偿限额。

关联法规

《道路交通安全法》第75、76条

《最高人民法院关于审理人身损害赔偿案件适用法律若干问题的解释》

第二十四条 【救助基金管理机构的垫付义务和追偿权】国家设立道路交通事故社会救助基金(以下简称救助基金)。有下列情形之一时,道路交通事故中受害人人身伤亡的丧葬费用、部分或者全部抢救费用,由救助基金先行垫付,救助基金管理机构有权向道路交通事故责任人追偿:

(一)抢救费用超过机动车交通事故责任强制保险责任限额的;

(二)肇事机动车未参加机动车交通事故责任强制保险的;

(三)机动车肇事后逃逸的。

条文注释

道路交通事故社会救助基金是《道路交通安全法》规定的一项新制度,这项制度是为了对肇事逃逸机动车、未投保机动车辆造成的交通事故受害人进行补偿而设立的。为了保障受害人得到最基本的抢救治疗,弥补交强险制度可能遗留的保障盲区,《道路交通安全法》在确立交强险制度的同时,又规定了道路交通事故社会救助制度。

应当注意的是,由道路交通事故社会救助基金先行垫付抢救费用与承保交强险的保险公司预先支付抢救费用在性质上是完全不同的。保险公司预先支付抢救费用,是事先履行了其应当履行的合同义务;而道路交通事故社会救助基金垫付抢救费用并不是履行合同义务,而是实现社会救助的职能。但根据法律规定,二者在垫付后,均可向责任人进行追偿。

关联法规

《道路交通安全法》第17、75条

第二十五条 【救助基金的来源】救助基金的来源包括：

（一）按照机动车交通事故责任强制保险的保险费的一定比例提取的资金；

（二）对未按照规定投保机动车交通事故责任强制保险的机动车的所有人、管理人的罚款；

（三）救助基金管理机构依法向道路交通事故责任人追偿的资金；

（四）救助基金孳息；

（五）其他资金。

条文注释

道路交通事故社会救助制度最核心的问题是建立这项基金的来源。本条例规定此基金有5项来源：

(1)按照交强险的保险费的一定比例提取的资金。此种来源是救助基金的主要来源。主要原因是机动车撞人后逃逸或者没有投保的车辆造成的受害人的损失由机动车拥有人共同承担其损失赔偿责任较为妥当。因此，救助基金的经费大部分由投保机动车承担。

(2)对未按照规定投保交强险的机动车的所有人、管理人的罚款。除了主要来源，救助基金的另一个来源是法律规定的罚款。根据《道路交通安全法》第98条的规定，机动车所有人、管理人因违规缴纳的罚款全部纳入道路交通事故社会救助基金。将罚款纳入基金，作为救助基金的来源，是扩大基金来源的一个重要渠道。

(3)救助基金管理机构依法向道路交通事故责任人追偿的资金。救助基金管理机构在对道路交通事故受害人进行补偿后,依法代位取得受害人具有的针对事故责任人的赔偿请求权,要求事故责任人赔偿救助基金管理机构因补偿受害人而遭受的损失。追偿所得依然归救助基金管理机构所有。

(4)救助基金孳息。主要包括基金利息以及基金通过其他方式运作而获得的增值收入。救助基金资金的安全性是保证资金运用的前提。最安全的形式是银行存款,其次可以通过购买国债、金融债券、企业债券等形式保值增值,要避免使用风险比较大的资金运用方式,如购买股票、投资不动产、投资企业等。

(5)其他资金。除以上各种来源以外,还有社会的捐助、政府财政给予一定的扶持等收入。

关联法规

《道路交通安全法》第17、98条

第二十六条 【救助基金的具体管理办法】救助基金的具体管理办法,由国务院财政部门会同国务院保险监督管理机构、国务院公安部门、国务院卫生主管部门、国务院农业主管部门制定试行。

关联法规

《道路交通安全法》第17条

第二十七条 【保险公司在理赔时的答复义务和告知义务】被保险机动车发生道路交通事故,被保险人或者受害人通知保险公司的,保险公司应当立即给予答复,告知被保险人或者受害人具体的赔偿程序等有关事项。

条文注释

本条是对被保险人或者受害人出险后通知保险人,保险人的答复义务的规定。为了使保险人能够控制风险,防止或减少损害,我国《保险法》规定投保人或被保险人在保险事故发生后有出险通知、提供相关资料及防损、减损等义务。对保险人而言,投保方所作保险事故发生的通知极为重要,其主要目的在于使保险人能及时采取必要措施以防止损失扩大,保全保险标的残余部分,以减轻其损失,并调查事实、搜集证据,以维护其合法权益。实践中,被保险人或者受害人未及时履行通知义务的,可能会因此承担不利后果。需要注意的是,对保险公司而言,获知保险事故发生的途径,既可以是被保险人的通知也可以是公安机关交通管理部门的通知。

保险人接到被保险人或者受害人的相关通知时,应立即给予答复,告知对方具体的赔偿程序等事项。保险公司应当遵守本条规定,不得无故拖延。

关联法规

《保险法》第23、24条

第二十八条 【被保险人的保险金请求权与协助通知义务】被保险机动车发生道路交通事故的,由被保险人向保险公司申请赔偿保险金。保险公司应当自收到赔偿申请之日起1日内,书面告知被保险人需要向保险公司提供的与赔偿有关的证明和资料。

条文注释

1. 保险赔偿金请求权主体

责任保险，是指被保险人依法对受到其侵害的人负有赔偿责任时，由保险人依合同约定对被保险人承担补偿责任的保险。被保险机动车发生道路交通事故的，被保险人作为保险金请求权主体，向保险公司申请赔偿保险金。同时，出于交强险制度保障受害人利益的考虑，本条例第31条第1款中规定，保险公司既可以向被保险人赔偿保险金，也可以直接向受害人赔偿保险金。这一规定打通了交通事故受害人从保险公司直接受偿的“绿色通道”，在保险金请求权主体这一问题上，实现了责任保险原理与强制责任保险立法目的的有机结合。

2. 保险索赔程序

保险索赔，是指保险事故发生后，保险金请求权主体依据保险合同约定，向保险人请求履行保险赔偿或者给付保险金的行为。根据上述保险金请求权主体的规定，投保交强险的机动车发生交通事故，造成受害人人身伤亡、财产损害时，被保险人有权向保险公司提起索赔，实践中一般应采取索赔请求书形式，从而启动保险赔偿程序。

关联法规

《保险法》第23~26条

第二十九条 【保险公司赔偿保险金的程序】保险公司应当自收到被保险人提供的证明和资料之日起5日内，对是否属于保险责任作出核定，并将结果通知被保险人；对不属于保险责任的，应当书面说明理由；对属于保险责任的,在与被保险人达成赔偿保险金的协议后10日内,赔偿保险金。

条文注释

被保险机动车发生道路交通事故的,被保险人可以要求保险公司赔偿保险金。保险公司应当自收到被保险人的赔偿要求之日起,尽可能在最短时间内向被保险人签发书面文件,说明赔偿标准以及被保险人需要向保险公司提供的与赔偿有关的证明和资料。通常情况下,被保险人需要向保险公司提供保险单、事故证明以及与赔偿有关的其他证明和资料。保险公司应当依据交强险的有关法律、法规的规定以及保险合同的约定,根据被保险人提供的证明和资料,对于发生的保险事故是否属于保险责任范围,是否应当赔偿保险金进行审核,并作出决定。对属于保险责任的,保险公司应当就保险金赔偿事宜与被保险人进行协商,根据有关法律、法规、规章等相关规定以及合同约定,确定保险赔偿的数额。若双方达成了赔偿保险金的协议,则保险公司应当在达成赔偿保险金协议后10个工作日内,向被保险人赔偿保险金;若双方对赔偿发生争议,则可向法院提起诉讼。

关联法规

《保险法》第23~26条

第三十条 【交强险的争议解决方式】被保险人与保险公司对赔偿有争议的,可以依法申请仲裁或者向人民法院提起诉讼。

条文注释

被保险人与保险公司如果就保险赔偿发生争议,可以选择仲裁或者诉讼的方式解决争议。被保险人与保险公司采用仲裁方式解决纠纷，应当坚持自愿原则，达成仲裁协议。

除仲裁之外，被保险人与保险公司也可以通过向法院提起诉讼的方式解决赔偿争议。因保险合同纠纷提起的诉讼，由被告住所地或者保险标的物所在地人民法院管辖。

关联法规

《保险法》第26条

第三十一条 【保险金的支付对象以及抢救费的垫付程序】保险公司可以向被保险人赔偿保险金，也可以直接向受害人赔偿保险金。但是，因抢救受伤人员需要保险公司支付或者垫付抢救费用的，保险公司在接到公安机关交通管理部门通知后，经核对应当及时向医疗机构支付或者垫付抢救费用。

因抢救受伤人员需要救助基金管理机构垫付抢救费用的，救助基金管理机构在接到公安机关交通管理部门通知后，经核对应当及时向医疗机构垫付抢救费用。

条文注释

由于受害人不具有直接向保险公司请求赔偿的法定权利，在保险实务操作中，一般由被保险人先向受害人赔偿，然后凭借赔付凭证向保险公司提出索赔申请，保险公司审查相关证明后，依照保险合同约定向被保险人支付保险金。为了确保受害人能真正获得保险保障，本条规定保险公司可以直接向受害人赔偿保险金。虽然受害人并非保险合同当事人，不能向合同当事人保险公司主张权利，但本条规定了保险公司可以直接向受害人赔付，这样可以避免产生被保险人利用保险合同和保险事故骗取保险金，或者扣留、扣减保险公司支付的保险金的情况，切实保护受害人的利益。

本条第2款规定了救助基金管理机构及时垫付抢救费用的义务。需要由救助基金管理机构垫付抢救费用的，首先需要由公安机关交通管理部门向救助基金管理机构进行相关的垫付费用通知。公安机关交通管理部门的通知上应当列明肇事机动车车牌号、驾驶人姓名、受害人姓名、受害人损伤部位及程度、抢救医院名称及地址、交通事故原因等情况，并且注明属于救助基金垫付的何种情况等内容。救助基金管理机构对需要垫付事项进行核对和垫付。

关联法规

《保险法》第12、22条

《道路交通安全法》第75、76条

第三十二条 【医疗机构救治伤员的参照标准】医疗机构应当参照国务院卫生主管部门组织制定的有关临床诊疗指南，抢救、治疗道路交通事故中的受伤人员。

条文注释

道路交通事故创伤是特殊类型的损伤，其特点是发生频率高、伤情复杂。医疗机构应当针对交通事故创伤的特点，采用相应的治疗标准和方法，有针对性地进行抢救和治疗，争取时间，抢救生命，避免和减少并发症的发生。

为了防止在交通事故救治诊疗过程中发生不合理的医疗费用，本条例要求医疗机构必须参照国务院卫生主管部门制定的有关临床诊疗指南来救治伤员。

关联法规

《道路交通事故受伤人员临床诊疗指南》

第三十三条 【有关部门、医疗机构配合保险公司、救助基金管理机构核实情况的义务】保险公司赔偿保险金或者垫付抢救费用，救助基金管理机构垫付抢救费用，需要向有关部门、医疗机构核实有关情况的，有关部门、医疗机构应当予以配合。

条文注释

确定交通事故具体情况是保险公司和救助基金管理机构支付或垫付抢救费用的前提。一般情况下，保险公司和救助基金管理机构根据被保险人或受害人提供的公安机关交通管理部门出具的事故认定书、调解书和医疗费用支付凭证等支付相应的抢救费用。对于案情比较复杂、疑点较多或者事故证明、诊断证明及医疗费用开支有明显不合理的情况，保险公司和救助基金管理机构可以向有关部门进行核实。核实的内容包括道路交通事故现场勘查记录、交通事故证据、交通事故认定、当事人生理及精神状况鉴定、交通事故损害赔偿调解情况、民事诉讼判决情况等。

对于保险公司和救助基金管理机构要求核实有关情况的合理要求，有关部门和医疗机构应当予以配合。一是及时提供保险公司和救助基金管理机构需要核实的资料、单据、证明等材料；二是协助保险公司和救助基金管理机构向当事人了解相关情况；等等。

关联法规

《道路交通安全法》第17、75条

第三十四条　【保险公司、救助基金管理机构工作人员的保密义务】保险公司、救助基金管理机构的工作人员对当事人的个人隐私应当保密。

条文注释

本条规定了保险公司和救助基金管理机构的保密义务。在交强险投保、理赔以及垫付抢救费用过程中，保险公司可能掌握当事人的个人信息；在救助基金支付或垫付抢救费用过程中，救助基金管理机构也可能掌握当事人的个人信息，为了保护投保人、被保险人、受害人的合法权益不受侵犯，本条规定，保险公司及救助基金管理机构的工作人员对于知道或掌握的当事人的个人隐私应当予以保密。根据我国《保险法》的规定，保险人对在办理保险业务中知道的投保人、被保险人、受益人的业务和财产情况及个人隐私，具有保密的义务。

本条所称当事人包括交强险的投保人、被保险人、受害人及其家属。本条所称个人隐私包括投保人在投保交强险时提供的重要个人信息、被保险人在出险及理赔时提供的重要个人信息、受害人在接受治疗过程中及治疗后提供的个人信息等。

保险公司和救助基金管理机构违反本条规定的保密义务的，应当依法承担民事责任。

第三十五条　【道路交通事故损害赔偿的项目和标准】道路交通事故损害赔偿项目和标准依照有关法律的规定执行。

条文注释

交强险属于责任保险,由保险公司承担被保险人依法应当承担的民事赔偿责任。因此,保险公司进行赔偿的前提是被保险人依法对受害人的损失负有赔偿责任。《道路交通安全法》实施后,我国采取事故责任和赔偿责任相分离方式,公安机关交通管理部门对事故现场进行勘验、检查、鉴定和制作交通事故认定书,并负有查明交通事故事实、事故原因和事故责任的职责,人民法院负有确定赔偿责任和赔偿金额的职责。当然,对于轻微事故或责任明确的交通事故赔偿事宜,当事人可以自行协商,或请公安机关交通管理部门调解。

保险公司根据公安机关交通管理部门出具的交通事故认定书或者法院等机构出具的判决书等有关法律文书及其他证明,对被保险人实际支付给对受害人人身伤亡和财产损失的赔偿费用在保险合同约定范围内进行赔偿。

财产损失的赔偿标准按照实际修复费用计算,折价赔偿费用按照实际价值或者估损价值计算。对有争议的财产损失的评估,可以由具有评估资格的评估机构进行。人身伤亡的赔偿标准按照《最高人民法院关于审理人身损害赔偿案件适用法律若干问题的解释》规定的项目和标准计算。

关联法规

《最高人民法院关于审理人身损害赔偿案件适用法律若干问题的解释》

第四章 罚 则

第三十六条 【保险公司以外的其他机构或个人非法从事交强险业务的责任】保险公司以外的单位或者个人,非法从事机动车交通事故责任强制保险业务的,由国务院保险监督管理机构予以取缔;构成犯罪的,依法追究刑事责任;尚不构成犯罪的,由国务院保险监督管理机构没收违法所得,违法所得20万元以上的,并处违法所得1倍以上5倍以下罚款;没有违法所得或者违法所得不足20万元的,处20万元以上100万元以下罚款。

条文注释

本条规定的法律责任主要针对除保险公司以外的其他非法从事交强险业务的主体,这类主体的特征是自身不具有从事保险业务资格的单位或者个人,经营了交强险业务。给予这些单位或者个人的法律责任包括两类:刑事责任和行政处罚。行为和情节构成犯罪的,依法追究刑事责任。尚不构成犯罪的,由国务院保险监督管理机构没收违法所得,违法所得20万元以上的,并处违法所得1倍以上5倍以下罚款;没有违法所得或者违法所得不足20万元的,处20万元以上100万元以下罚款。

关联法规

《行政处罚法》第8~11、27、35条

《保险法》第174、179条

第三十七条 【有权从事交强险业务的保险公司违反本条例规定从事交强险业务的责任】保险公司违反本条例规定,有下列行为之一的,由国务院保险监督管理机构责令改正,处5万元以上30万元以下罚款;情节严重的,可以限制业务范围、责令停止接受新业务或者吊销经营保险业务许可证:

(一)拒绝或者拖延承保机动车交通事故责任强制保险的;

(二)未按照统一的保险条款和基础保险费率从事机动车交通事故责任强制保险业务的;

(三)未将机动车交通事故责任强制保险业务和其他保险业务分开管理,单独核算的;

(四)强制投保人订立商业保险合同的;

(五)违反规定解除机动车交通事故责任强制保险合同的;

(六)拒不履行约定的赔偿保险金义务的;

(七)未按照规定及时支付或者垫付抢救费用的。

条文注释

与本条例第36条规定相对应,本条规定了有权从事交强险业务的保险公司违法从事交强险业务的法律责任。有权从事交强险业务的保险公司应该依法经营,不得滥用其经营许可,从事超出经营范围的活动,也不得消极对待这种许可,拒绝或者拖延为投保人办理交强险业务等。同时,保险公司也不得不正当地利用自己的强势地位,制定“霸王条款”,侵害投保人的利益。

保险公司有上述7种违法行为之一的，首先，由国务院保险监督管理机构责令其改正错误行为，依照法律规定和合同的约定，积极履行义务；其次，视情况给予罚款或其他等级的处罚。需要特别指出的是，限制业务范围、停止接受新业务或者吊销经营保险业务许可证的处罚不影响在此之前的保险业务的受理和理赔，保险公司不得以此为理由，拒绝被保险人或者受益人合理的保险赔偿或者给予保险金的请求。

关联法规

《机动车交通事故责任强制保险条例》第6~10、21、22、24条

《行政处罚法》第8~11、28条

第三十八条　【投保义务人违反强制投保义务的责任】机动车所有人、管理人未按照规定投保机动车交通事故责任强制保险的，由公安机关交通管理部门扣留机动车，通知机动车所有人、管理人依照规定投保，处依照规定投保最低责任限额应缴纳的保险费的2倍罚款。

机动车所有人、管理人依照规定补办机动车交通事故责任强制保险的，应当及时退还机动车。

条文注释

公安机关交通管理部门有权对机动车所有人、管理人是否投保交强险进行检查，其检查内容包括机动车所有人、管理人是否有保险公司签发的保险标志。对于不能提供保险标志或者保险合同的机动车所有人、管理人，公安机关交通管理部门可扣留其机动车辆，并处以投保最低责任限额应缴纳保险费的2倍罚款。公安机关交通管理部门扣留当事人的车辆，应该按照有关的规定和程序进行，依法行使职权。

公安机关交通管理部门扣留机动车后，应当妥善保管机动车辆，在扣留时，不得不正当使用、损毁机动车。机动车所有人、管理人依照规定补办交强险后，公安机关交通管理部门应及时退还扣留的机动车。在扣留或者退还过程中，造成当事人机动车损害的，公安机关交通管理部门应当承担相应的赔偿责任。在多数情况下，责任人为公安机关交通管理部门的工作人员或者其他人员，但赔偿的主体仍然是公安机关交通管理部门。公安机关交通管理部门在向机动车所有人、管理人进行赔偿后，再向具体责任人追究责任，进行追偿。

关联法规

《道路交通安全法》第 98 条

《行政处罚法》第 8 ~ 11 条

《机动车交通事故责任强制保险条例》第 2 条

第三十九条 【上道路行驶的机动车未放置保险标志的责任】上道路行驶的机动车未放置保险标志的，公安机关交通管理部门应当扣留机动车，通知当事人提供保险标志或者补办相应手续，可以处警告或者 20 元以上 200 元以下罚款。

当事人提供保险标志或者补办相应手续的，应当及时退还机动车。

条文注释

上道路行驶的机动车应当投保交强险，而是否投保交强险，其最显著的证明便是保险标志。在机动车上放置保险标志是机动车所有人、管理人的义务，本条例第 12 条第 2 款对此作了明确规定。对于未放置保险标志的，公安机关交通管理部门应当扣留机动车。同时，对于已经投保交强险的，则应要求当事人提供保险标志；对于尚未投保的，则通知其尽快补办相应手续，并酌情处以罚款。

公安机关交通管理部门扣留机动车后，应当善意保管当事人的机动车辆，在扣留和退还的过程中，不得不正当使用、损坏当事人的机动车。本条规定的及时退还，是指当事人提供了保险标志或者办理了相应的手续，公安机关交通管理部门就应该在第一时间内无条件地退还当事人的机动车，不得推诿或者拖延。但需要指出的是，在机动车被扣留期间内，由于扣留机动车造成当事人可预期的收入的减少，公安机关交通管理部门不予赔偿。

关联法规

《道路交通安全法》第11、95条

《行政处罚法》第8~11条

第四十条 【伪造、变造或者使用伪造、变造的保险标志或者使用其他机动车的保险标志的责任】伪造、变造或者使用伪造、变造的保险标志，或者使用其他机动车的保险标志，由公安机关交通管理部门予以收缴，扣留该机动车，处200元以上2000元以下罚款；构成犯罪的，依法追究刑事责任。

当事人提供相应的合法证明或者补办相应手续的，应当及时退还机动车。

条文注释

目前，保险标志采取全国统一的大小、形状、色彩和设计图案等，并由国务院保险监督管理机构指定的厂家按照其要求进行生产，属于制式标志。

伪造、变造保险标志，是指违反国家对交强险管理的规定，仿照交强险保险标志的图案、形状、色彩等，非法制造保险标志。其中，伪造保险标志，是指无保险标志制造权的单位或者个人，仿照保险标志的图案、色彩、质地、式样、防伪技术等，用描绘、复印、影印、石印、机器印刷等方法制造假的保险标志。变造保险标志，是指对保险公司签发的真正的保险标志采用挖补、剪贴、揭层、拼凑、涂改等方法，改变保险标志的编号、年份等，使之满足自己的需要。使用其他机动车的保险标志，是指将其他机动车辆上的保险标志在本车上使用，或者将本车的保险标志使用在其他机动车辆上，或者将一个保险标志在多个机动车辆上使用，破坏保险标志和被保险车辆之间的一致性的行为。

关联法规

《道路交通安全法》第11、16、96条

《刑法》第280条

《行政处罚法》第8～11条

第五章　附　　则

第四十一条　【术语含义】本条例下列用语的含义：

（一）投保人，是指与保险公司订立机动车交通事故责任强制保险合同，并按照合同负有支付保险费义务的机动车的所有人、管理人。

（二）被保险人，是指投保人及其允许的合法驾驶人。

（三）抢救费用，是指机动车发生道路交通事故导致人员受伤时，医疗机构参照国务院卫生主管部门组织制定的有关临床诊疗指南,对生命体征不平稳和虽然生命体征平稳但如果不采取处理措施会产生生命危险,或者导致残疾、器官功能障碍,或者导致病程明显延长的受伤人员,采取必要的处理措施所发生的医疗费用。

关联法规

《保险法》第10条

第四十二条 【挂车不投保交强险】挂车不投保机动车交通事故责任强制保险。发生道路交通事故造成人身伤亡、财产损失的,由牵引车投保的保险公司在机动车交通事故责任强制保险责任限额范围内予以赔偿;不足的部分,由牵引车方和挂车方依照法律规定承担赔偿责任。

第四十三条 【本条例效力的扩张适用】机动车在道路以外的地方通行时发生事故,造成人身伤亡、财产损失的赔偿,比照适用本条例。

条文注释

理解本条的关键在于明确机动车、道路的范围。根据《道路交通安全法》的规定,机动车,是指以动力装置驱动或者牵引,上道路行驶的供人员乘用或者用于运送物品以及进行工程专项作业的轮式车辆,包括载人汽车、载货汽车、低速载货汽车、摩托车、轮式专用汽车等。道路,是指公路、城市道路和虽在单位管辖范围但允许社会机动车通行的地方,包括广场、公共停车场等用于公众通行的场所。其中,公路,是指连接城市之间、城乡之间、乡村与乡村之间的按照国家标准修建的,由公路主管部门验收认可的道路;城市道路,是指城市供车辆、行人通行,具备一定技术条件的道路、桥梁及其附属设施,包括城市快速路、城市主干道、城市次干道、胡同里巷;广场,是指城市规划在道路用地范围内,专供公众集会、游憩、步行和交通集散的场地;公共停车场,是指规划在道路用地范围内专门划设出供车辆停放的车辆集散地。根据上述对道路内涵的界定和外延的列举,我们可以得出道路以外的地方,是指除了公路、城市道路和虽在单位管辖范围但允许社会机动车通行的地方之外的,能供机动车停放或者通行的地方。

道路以外的地方由于车辆少、行驶速度慢等多种原因,一般很少发生事故,所以对于机动车在道路以外的地方发生事故,本条例只在附则中规定"比照适用"。

关联法规

《道路交通安全法》第77、119条

第四十四条 【武装力量使用的在编机动车的交强险】中国人民解放军和中国人民武装警察部队在编机动车参加机动车交通事故责任强制保险的办法,由中国人民解放军和中国人民武装警察部队另行规定。

条文注释

考虑到武装力量的特殊性,基于不少国家都有专门的军事法规调整军队内部事务的国际惯例,从我国中央军委、各总部及军兵种、大军区一直行使军事立法权,制定了大量的军事法规、军事规章的事实出发,《立法法》赋予了中国人民解放军和中国人民武装警察部队制定军事法规、军事规章的权力。《道路交通安全法》也对中国人民解放军和中国人民武装警察部队在编机动车的管理，授予中国人民解放军和中国人民武装警察部队自行制定管理办法。本条规定符合现实国情和相关法律的立法精神。

必须明确的是，中国人民解放军和中国人民武装警察部队制定的规定只适用于其自身在编的机动车，即只适用列入军队武器装备、后勤装备以及其他正式颁发编制的机动车辆。根据授权立法的一般要求，被授权的立法机关制定出来的法律只在其管辖范围内，就被授权的特定事项具有适用性，授权立法的适用范围不能超越授权立法的目的、范围、事项等。

关联法规

《道路交通安全法》第120条

第四十五条　【机动车所有人、管理人投保交强险的期限】机动车所有人、管理人自本条例施行之日起3个月内投保机动车交通事故责任强制保险；本条例施行前已经投保商业性机动车第三者责任保险的，保险期满，应当投保机动车交通事故责任强制保险。

条文注释

本条包含3层含义：

一是对未投保车辆，自本条例实施之日起满3个月为限，机动车所有人、管理人必须投保交强险。在此基础上，保险公司仍可以推出其他商业性机动车第三者责任保险（以下简称“商业三者险”），但交强险是必须购买的，商业三者险则可以自由选择。

二是已投保商业三者险的，如果在本条例施行的3个月内到期的，到期后必须购买交强险，不得再续保商业三者险。

对已投保商业三者险，且合同到期时间在本条例实施之日起3个月后的，不要求其在实施起3个月内变更为交强险合同，而只需要在到期后投保交强险即可。

三是对于道路交通管理部门来说，自本条例实施满3个月起，将严格按规定对车辆实施检查监督。对未投保交强险的车辆，将进行扣车和罚款等相应处罚。

第四十六条　【施行日期】本条例自2006年7月1日起施行。

附录

中华人民共和国
道路交通安全法(节录)

(2003年10月28日第十届全国人民代表大会常务委员会第五次会议通过　根据2007年12月29日第十届全国人民代表大会常务委员会第三十一次会议《关于修改〈中华人民共和国道路交通安全法〉的决定》第一次修正　根据2011年4月22日第十一届全国人民代表大会常务委员会第二十次会议《关于修改〈中华人民共和国道路交通安全法〉的决定》第二次修正　根据2021年4月29日第十三届全国人民代表大会常务委员会第二十八次会议《关于修改〈中华人民共和国道路交通安全法〉等八部法律的决定》第三次修正)

第二章　车辆和驾驶人

第一节　机动车、非机动车

第八条　国家对机动车实行登记制度。机动车经公安机关交通管理部门登记后,方可上道路行驶。尚未登记的机动车,需要临时上道路行驶的,应当取得临时通行牌证。

第九条 申请机动车登记,应当提交以下证明、凭证:

(一)机动车所有人的身份证明;

(二)机动车来历证明;

(三)机动车整车出厂合格证明或者进口机动车进口凭证;

(四)车辆购置税的完税证明或者免税凭证;

(五)法律、行政法规规定应当在机动车登记时提交的其他证明、凭证。

公安机关交通管理部门应当自受理申请之日起五个工作日内完成机动车登记审查工作,对符合前款规定条件的,应当发放机动车登记证书、号牌和行驶证;对不符合前款规定条件的,应当向申请人说明不予登记的理由。

公安机关交通管理部门以外的任何单位或者个人不得发放机动车号牌或者要求机动车悬挂其他号牌,本法另有规定的除外。

机动车登记证书、号牌、行驶证的式样由国务院公安部门规定并监制。

第十条 准予登记的机动车应当符合机动车国家安全技术标准。申请机动车登记时,应当接受对该机动车的安全技术检验。但是,经国家机动车产品主管部门依据机动车国家安全技术标准认定的企业生产的机动车型,该车型的新车在出厂时经检验符合机动车国家安全技术标准,获得检验合格证的,免予安全技术检验。

第十一条 驾驶机动车上道路行驶,应当悬挂机动车号牌,放置检验合格标志、保险标志,并随车携带机动车行驶证。

机动车号牌应当按照规定悬挂并保持清晰、完整,不得故意遮挡、污损。

任何单位和个人不得收缴、扣留机动车号牌。

第十二条　有下列情形之一的，应当办理相应的登记：

（一）机动车所有权发生转移的；

（二）机动车登记内容变更的；

（三）机动车用作抵押的；

（四）机动车报废的。

第十三条　对登记后上道路行驶的机动车，应当依照法律、行政法规的规定，根据车辆用途、载客载货数量、使用年限等不同情况，定期进行安全技术检验。对提供机动车行驶证和机动车第三者责任强制保险单的，机动车安全技术检验机构应当予以检验，任何单位不得附加其他条件。对符合机动车国家安全技术标准的，公安机关交通管理部门应当发给检验合格标志。

对机动车的安全技术检验实行社会化。具体办法由国务院规定。

机动车安全技术检验实行社会化的地方，任何单位不得要求机动车到指定的场所进行检验。

公安机关交通管理部门、机动车安全技术检验机构不得要求机动车到指定的场所进行维修、保养。

机动车安全技术检验机构对机动车检验收取费用，应当严格执行国务院价格主管部门核定的收费标准。

第十四条　国家实行机动车强制报废制度，根据机动车的安全技术状况和不同用途，规定不同的报废标准。

应当报废的机动车必须及时办理注销登记。

达到报废标准的机动车不得上道路行驶。报废的大型客、货车及其他营运车辆应当在公安机关交通管理部门的监督下解体。

第十五条　警车、消防车、救护车、工程救险车应当按照规定喷涂标志图案，安装警报器、标志灯具。其他机动车不得喷涂、安装、使用上述车辆专用的或者与其相类似的标志图案、警报器或者标志灯具。

警车、消防车、救护车、工程救险车应当严格按照规定的用途和条件使用。

公路监督检查的专用车辆，应当依照公路法的规定，设置统一的标志和示警灯。

第十六条 任何单位或者个人不得有下列行为：

（一）拼装机动车或者擅自改变机动车已登记的结构、构造或者特征；

（二）改变机动车型号、发动机号、车架号或者车辆识别代号；

（三）伪造、变造或者使用伪造、变造的机动车登记证书、号牌、行驶证、检验合格标志、保险标志；

（四）使用其他机动车的登记证书、号牌、行驶证、检验合格标志、保险标志。

第十七条 国家实行机动车第三者责任强制保险制度，设立道路交通事故社会救助基金。具体办法由国务院规定。

第十八条 依法应当登记的非机动车，经公安机关交通管理部门登记后，方可上道路行驶。

依法应当登记的非机动车的种类，由省、自治区、直辖市人民政府根据当地实际情况规定。

非机动车的外形尺寸、质量、制动器、车铃和夜间反光装置，应当符合非机动车安全技术标准。

第二节 机动车驾驶人

第十九条 驾驶机动车，应当依法取得机动车驾驶证。

申请机动车驾驶证，应当符合国务院公安部门规定的驾驶许可条件；经考试合格后，由公安机关交通管理部门发给相应类别的机动车驾驶证。

持有境外机动车驾驶证的人，符合国务院公安部门规定的驾驶许可条件，经公安机关交通管理部门考核合格的，可以发给中国的机动车驾驶证。

驾驶人应当按照驾驶证载明的准驾车型驾驶机动车；驾驶机动车时，应当随身携带机动车驾驶证。

公安机关交通管理部门以外的任何单位或者个人，不得收缴、扣留机动车驾驶证。

第二十条　机动车的驾驶培训实行社会化，由交通主管部门对驾驶培训学校、驾驶培训班实行资格管理，其中专门的拖拉机驾驶培训学校、驾驶培训班由农业（农业机械）主管部门实行资格管理。

驾驶培训学校、驾驶培训班应当严格按照国家有关规定，对学员进行道路交通安全法律、法规、驾驶技能的培训，确保培训质量。

任何国家机关以及驾驶培训和考试主管部门不得举办或者参与举办驾驶培训学校、驾驶培训班。

第二十一条　驾驶人驾驶机动车上道路行驶前，应当对机动车的安全技术性能进行认真检查；不得驾驶安全设施不全或者机件不符合技术标准等具有安全隐患的机动车。

第二十二条　机动车驾驶人应当遵守道路交通安全法律、法规的规定，按照操作规范安全驾驶、文明驾驶。

饮酒、服用国家管制的精神药品或者麻醉药品，或者患有妨碍安全驾驶机动车的疾病，或者过度疲劳影响安全驾驶的，不得驾驶机动车。

任何人不得强迫、指使、纵容驾驶人违反道路交通安全法律、法规和机动车安全驾驶要求驾驶机动车。

第二十三条　公安机关交通管理部门依照法律、行政法规的规定，定期对机动车驾驶证实施审验。

第二十四条　公安机关交通管理部门对机动车驾驶人违反道路交通安全法律、法规的行为，除依法给予行政处罚外，实行累积记分制度。公安机关交通管理部门对累积记分达到规定分值的机动车驾驶人，扣留机动车驾驶证，对其进行道路交通安全法律、法规教育，重新考试；考试合格的，发还其机动车驾驶证。

对遵守道路交通安全法律、法规，在一年内无累积记分的机动车驾驶人，可以延长机动车驾驶证的审验期。具体办法由国务院公安部门规定。

第三章　道路通行条件

第二十五条　全国实行统一的道路交通信号。

交通信号包括交通信号灯、交通标志、交通标线和交通警察的指挥。

交通信号灯、交通标志、交通标线的设置应当符合道路交通安全、畅通的要求和国家标准，并保持清晰、醒目、准确、完好。

根据通行需要，应当及时增设、调换、更新道路交通信号。增设、调换、更新限制性的道路交通信号，应当提前向社会公告，广泛进行宣传。

第二十六条　交通信号灯由红灯、绿灯、黄灯组成。红灯表示禁止通行，绿灯表示准许通行，黄灯表示警示。

第二十七条　铁路与道路平面交叉的道口，应当设置警示灯、警示标志或者安全防护设施。无人看守的铁路道口，应当在距道口一定距离处设置警示标志。

第二十八条 任何单位和个人不得擅自设置、移动、占用、损毁交通信号灯、交通标志、交通标线。

道路两侧及隔离带上种植的树木或者其他植物，设置的广告牌、管线等，应当与交通设施保持必要的距离，不得遮挡路灯、交通信号灯、交通标志，不得妨碍安全视距，不得影响通行。

第二十九条 道路、停车场和道路配套设施的规划、设计、建设，应当符合道路交通安全、畅通的要求，并根据交通需求及时调整。

公安机关交通管理部门发现已经投入使用的道路存在交通事故频发路段，或者停车场、道路配套设施存在交通安全严重隐患的，应当及时向当地人民政府报告，并提出防范交通事故、消除隐患的建议，当地人民政府应当及时作出处理决定。

第三十条 道路出现坍塌、坑漕、水毁、隆起等损毁或者交通信号灯、交通标志、交通标线等交通设施损毁、灭失的，道路、交通设施的养护部门或者管理部门应当设置警示标志并及时修复。

公安机关交通管理部门发现前款情形，危及交通安全，尚未设置警示标志的，应当及时采取安全措施，疏导交通，并通知道路、交通设施的养护部门或者管理部门。

第三十一条 未经许可，任何单位和个人不得占用道路从事非交通活动。

第三十二条 因工程建设需要占用、挖掘道路，或者跨越、穿越道路架设、增设管线设施，应当事先征得道路主管部门的同意；影响交通安全的，还应当征得公安机关交通管理部门的同意。

施工作业单位应当在经批准的路段和时间内施工作业，并在距离施工作业地点来车方向安全距离处设置明显的安全警示标志，采取防护措施；施工作业完毕，应当迅速清除道路上的障碍物，消除安全隐患，经道路主管部门和公安机关交通管理部门验收合格,符合通行要求后,方可恢复通行。

对未中断交通的施工作业道路,公安机关交通管理部门应当加强交通安全监督检查,维护道路交通秩序。

第三十三条　新建、改建、扩建的公共建筑、商业街区、居住区、大(中)型建筑等,应当配建、增建停车场;停车泊位不足的,应当及时改建或者扩建;投入使用的停车场不得擅自停止使用或者改作他用。

在城市道路范围内,在不影响行人、车辆通行的情况下,政府有关部门可以施划停车泊位。

第三十四条　学校、幼儿园、医院、养老院门前的道路没有行人过街设施的,应当施划人行横道线,设置提示标志。

城市主要道路的人行道,应当按照规划设置盲道。盲道的设置应当符合国家标准。

第四章　道路通行规定

第一节　一般规定

第三十五条　机动车、非机动车实行右侧通行。

第三十六条　根据道路条件和通行需要,道路划分为机动车道、非机动车道和人行道的,机动车、非机动车、行人实行分道通行。没有划分机动车道、非机动车道和人行道的,机动车在道路中间通行,非机动车和行人在道路两侧通行。

第三十七条　道路划设专用车道的,在专用车道内,只准许规定的车辆通行,其他车辆不得进入专用车道内行驶。

第三十八条　车辆、行人应当按照交通信号通行;遇有交通警察现场指挥时,应当按照交通警察的指挥通行;在没有交通信号的道路上,应当在确保安全、畅通的原则下通行。

第三十九条 公安机关交通管理部门根据道路和交通流量的具体情况,可以对机动车、非机动车、行人采取疏导、限制通行、禁止通行等措施。遇有大型群众性活动、大范围施工等情况,需要采取限制交通的措施,或者作出与公众的道路交通活动直接有关的决定,应当提前向社会公告。

第四十条 遇有自然灾害、恶劣气象条件或者重大交通事故等严重影响交通安全的情形,采取其他措施难以保证交通安全时,公安机关交通管理部门可以实行交通管制。

第四十一条 有关道路通行的其他具体规定,由国务院规定。

第二节 机动车通行规定

第四十二条 机动车上道路行驶,不得超过限速标志标明的最高时速。在没有限速标志的路段,应当保持安全车速。

夜间行驶或者在容易发生危险的路段行驶,以及遇有沙尘、冰雹、雨、雪、雾、结冰等气象条件时,应当降低行驶速度。

第四十三条 同车道行驶的机动车,后车应当与前车保持足以采取紧急制动措施的安全距离。有下列情形之一的,不得超车:

(一)前车正在左转弯、掉头、超车的;

(二)与对面来车有会车可能的;

(三)前车为执行紧急任务的警车、消防车、救护车、工程救险车的;

(四)行经铁路道口、交叉路口、窄桥、弯道、陡坡、隧道、人行横道、市区交通流量大的路段等没有超车条件的。

第四十四条 机动车通过交叉路口,应当按照交通信号灯、交通标志、交通标线或者交通警察的指挥通过;通过没有交通信号灯、交通标志、交通标线或者交通警察指挥的交叉路口时,应当减速慢行,并让行人和优先通行的车辆先行。

第四十五条 机动车遇有前方车辆停车排队等候或者缓慢行驶时,不得借道超车或者占用对面车道,不得穿插等候的车辆。

在车道减少的路段、路口,或者在没有交通信号灯、交通标志、交通标线或者交通警察指挥的交叉路口遇到停车排队等候或者缓慢行驶时,机动车应当依次交替通行。

第四十六条 机动车通过铁路道口时,应当按照交通信号或者管理人员的指挥通行;没有交通信号或者管理人员的,应当减速或者停车,在确认安全后通过。

第四十七条 机动车行经人行横道时,应当减速行驶;遇行人正在通过人行横道,应当停车让行。

机动车行经没有交通信号的道路时,遇行人横过道路,应当避让。

第四十八条 机动车载物应当符合核定的载质量,严禁超载;载物的长、宽、高不得违反装载要求,不得遗洒、飘散载运物。

机动车运载超限的不可解体的物品,影响交通安全的,应当按照公安机关交通管理部门指定的时间、路线、速度行驶,悬挂明显标志。在公路上运载超限的不可解体的物品,并应当依照公路法的规定执行。

机动车载运爆炸物品、易燃易爆化学物品以及剧毒、放射性等危险物品,应当经公安机关批准后,按指定的时间、路线、速度行驶,悬挂警示标志并采取必要的安全措施。

第四十九条 机动车载人不得超过核定的人数,客运机动车不得违反规定载货。

第五十条 禁止货运机动车载客。

货运机动车需要附载作业人员的,应当设置保护作业人员的安全措施。

第五十一条 机动车行驶时,驾驶人、乘坐人员应当按规定使用安全带,摩托车驾驶人及乘坐人员应当按规定戴安全头盔。

第五十二条 机动车在道路上发生故障,需要停车排除故障时,驾驶人应当立即开启危险报警闪光灯,将机动车移至不妨碍交通的地方停放;难以移动的,应当持续开启危险报警闪光灯,并在来车方向设置警告标志等措施扩大示警距离,必要时迅速报警。

第五十三条 警车、消防车、救护车、工程救险车执行紧急任务时,可以使用警报器、标志灯具;在确保安全的前提下,不受行驶路线、行驶方向、行驶速度和信号灯的限制,其他车辆和行人应当让行。

警车、消防车、救护车、工程救险车非执行紧急任务时,不得使用警报器、标志灯具,不享有前款规定的道路优先通行权。

第五十四条 道路养护车辆、工程作业车进行作业时,在不影响过往车辆通行的前提下,其行驶路线和方向不受交通标志、标线限制,过往车辆和人员应当注意避让。

洒水车、清扫车等机动车应当按照安全作业标准作业;在不影响其他车辆通行的情况下,可以不受车辆分道行驶的限制,但是不得逆向行驶。

第五十五条 高速公路、大中城市中心城区内的道路,禁止拖拉机通行。其他禁止拖拉机通行的道路,由省、自治区、直辖市人民政府根据当地实际情况规定。

在允许拖拉机通行的道路上,拖拉机可以从事货运,但是不得用于载人。

第五十六条 机动车应当在规定地点停放。禁止在人行道上停放机动车;但是,依照本法第三十三条规定施划的停车泊位除外。

在道路上临时停车的,不得妨碍其他车辆和行人通行。

第三节　非机动车通行规定

第五十七条　驾驶非机动车在道路上行驶应当遵守有关交通安全的规定。非机动车应当在非机动车道内行驶;在没有非机动车道的道路上,应当靠车行道的右侧行驶。

第五十八条　残疾人机动轮椅车、电动自行车在非机动车道内行驶时,最高时速不得超过十五公里。

第五十九条　非机动车应当在规定地点停放。未设停放地点的,非机动车停放不得妨碍其他车辆和行人通行。

第六十条　驾驭畜力车,应当使用驯服的牲畜;驾驭畜力车横过道路时,驾驭人应当下车牵引牲畜;驾驭人离开车辆时,应当拴系牲畜。

第四节　行人和乘车人通行规定

第六十一条　行人应当在人行道内行走,没有人行道的靠路边行走。

第六十二条　行人通过路口或者横过道路,应当走人行横道或者过街设施;通过有交通信号灯的人行横道,应当按照交通信号灯指示通行;通过没有交通信号灯、人行横道的路口,或者在没有过街设施的路段横过道路,应当在确认安全后通过。

第六十三条　行人不得跨越、倚坐道路隔离设施,不得扒车、强行拦车或者实施妨碍道路交通安全的其他行为。

第六十四条　学龄前儿童以及不能辨认或者不能控制自己行为的精神疾病患者、智力障碍者在道路上通行,应当由其监护人、监护人委托的人或者对其负有管理、保护职责的人带领。

盲人在道路上通行，应当使用盲杖或者采取其他导盲手段，车辆应当避让盲人。

第六十五条 行人通过铁路道口时，应当按照交通信号或者管理人员的指挥通行；没有交通信号和管理人员的，应当在确认无火车驶临后，迅速通过。

第六十六条 乘车人不得携带易燃易爆等危险物品，不得向车外抛洒物品，不得有影响驾驶人安全驾驶的行为。

第五节 高速公路的特别规定

第六十七条 行人、非机动车、拖拉机、轮式专用机械车、铰接式客车、全挂拖斗车以及其他设计最高时速低于七十公里的机动车，不得进入高速公路。高速公路限速标志标明的最高时速不得超过一百二十公里。

第六十八条 机动车在高速公路上发生故障时，应当依照本法第五十二条的有关规定办理；但是，警告标志应当设置在故障车来车方向一百五十米以外，车上人员应当迅速转移到右侧路肩上或者应急车道内，并且迅速报警。

机动车在高速公路上发生故障或者交通事故，无法正常行驶的，应当由救援车、清障车拖曳、牵引。

第六十九条 任何单位、个人不得在高速公路上拦截检查行驶的车辆，公安机关的人民警察依法执行紧急公务除外。

第五章 交通事故处理

第七十条 在道路上发生交通事故，车辆驾驶人应当立即停车,保护现场;造成人身伤亡的,车辆驾驶人应当立即抢救受伤人员,并迅速报告执勤的交通警察或者公安机关交通管理部门。因抢救受伤人员变动现场的,应当标明位置。乘车人、过往车辆驾驶人、过往行人应当予以协助。

在道路上发生交通事故,未造成人身伤亡,当事人对事实及成因无争议的,可以即行撤离现场,恢复交通,自行协商处理损害赔偿事宜;不即行撤离现场的,应当迅速报告执勤的交通警察或者公安机关交通管理部门。

在道路上发生交通事故,仅造成轻微财产损失,并且基本事实清楚的,当事人应当先撤离现场再进行协商处理。

第七十一条 车辆发生交通事故后逃逸的,事故现场目击人员和其他知情人员应当向公安机关交通管理部门或者交通警察举报。举报属实的,公安机关交通管理部门应当给予奖励。

第七十二条 公安机关交通管理部门接到交通事故报警后,应当立即派交通警察赶赴现场,先组织抢救受伤人员,并采取措施,尽快恢复交通。

交通警察应当对交通事故现场进行勘验、检查,收集证据;因收集证据的需要,可以扣留事故车辆,但是应当妥善保管,以备核查。

对当事人的生理、精神状况等专业性较强的检验,公安机关交通管理部门应当委托专门机构进行鉴定。鉴定结论应当由鉴定人签名。

第七十三条 公安机关交通管理部门应当根据交通事故现场勘验、检查、调查情况和有关的检验、鉴定结论,及时制作交通事故认定书,作为处理交通事故的证据。交通事故认定书应当载明交通事故的基本事实、成因和当事人的责任,并送达当事人。

第七十四条 对交通事故损害赔偿的争议,当事人可以请求公安机关交通管理部门调解,也可以直接向人民法院提起民事诉讼。

经公安机关交通管理部门调解,当事人未达成协议或者调解书生效后不履行的,当事人可以向人民法院提起民事诉讼。

第七十五条 医疗机构对交通事故中的受伤人员应当及时抢救,不得因抢救费用未及时支付而拖延救治。肇事车辆参加机动车第三者责任强制保险的,由保险公司在责任限额范围内支付抢救费用;抢救费用超过责任限额的,未参加机动车第三者责任强制保险或者肇事后逃逸的,由道路交通事故社会救助基金先行垫付部分或者全部抢救费用,道路交通事故社会救助基金管理机构有权向交通事故责任人追偿。

第七十六条 机动车发生交通事故造成人身伤亡、财产损失的,由保险公司在机动车第三者责任强制保险责任限额范围内予以赔偿;不足的部分,按照下列规定承担赔偿责任:

(一)机动车之间发生交通事故的,由有过错的一方承担赔偿责任;双方都有过错的,按照各自过错的比例分担责任。

(二)机动车与非机动车驾驶人、行人之间发生交通事故,非机动车驾驶人、行人没有过错的,由机动车一方承担赔偿责任;有证据证明非机动车驾驶人、行人有过错的,根据过错程度适当减轻机动车一方的赔偿责任;机动车一方没有过错的,承担不超过百分之十的赔偿责任。

交通事故的损失是由非机动车驾驶人、行人故意碰撞机动车造成的,机动车一方不承担责任。

第七十七条 车辆在道路以外通行时发生的事故,公安机关交通管理部门接到报案的,参照本法有关规定办理。

第九十六条 伪造、变造或者使用伪造、变造的机动车登记证书、号牌、行驶证、检验合格标志、保险标志、驾驶证或者使用其他车辆的机动车登记证书、号牌、行驶证、检验合格标志、保险标志的,由公安机关交通管理部门予以收缴,扣留该机动车,并处二百元以上二千元以下罚款;构成犯罪的,依法追究刑事责任。

当事人提供相应的合法证明或者补办相应手续的,应当及时退还机动车。

第九十八条　机动车所有人、管理人未按照国家规定投保机动车第三者责任强制保险的,由公安机关交通管理部门扣留车辆至依照规定投保后,并处依照规定投保最低责任限额应缴纳的保险费的二倍罚款。

依照前款缴纳的罚款全部纳入道路交通事故社会救助基金。具体办法由国务院规定。

第九十九条　有下列行为之一的,由公安机关交通管理部门处二百元以上二千元以下罚款:

(一)未取得机动车驾驶证、机动车驾驶证被吊销或者机动车驾驶证被暂扣期间驾驶机动车的;

(二)将机动车交由未取得机动车驾驶证或者机动车驾驶证被吊销、暂扣的人驾驶的;

(三)造成交通事故后逃逸,尚不构成犯罪的;

(四)机动车行驶超过规定时速百分之五十的;

(五)强迫机动车驾驶人违反道路交通安全法律、法规和机动车安全驾驶要求驾驶机动车,造成交通事故,尚不构成犯罪的;

(六)违反交通管制的规定强行通行,不听劝阻的;

(七)故意损毁、移动、涂改交通设施,造成危害后果,尚不构成犯罪的;

(八)非法拦截、扣留机动车辆,不听劝阻,造成交通严重阻塞或者较大财产损失的。

行为人有前款第二项、第四项情形之一的,可以并处吊销机动车驾驶证;有第一项、第三项、第五项至第八项情形之一的,可以并处十五日以下拘留。

第一百条　驾驶拼装的机动车或者已达到报废标准的机动车上道路行驶的,公安机关交通管理部门应当予以收缴,强制报废。

对驾驶前款所列机动车上道路行驶的驾驶人,处二百元以上二千元以下罚款,并吊销机动车驾驶证。

出售已达到报废标准的机动车的,没收违法所得,处销售金额等额的罚款,对该机动车依照本条第一款的规定处理。

中华人民共和国
道路交通安全法实施条例(节录)

(2004 年 4 月 30 日国务院令第 405 号公布　根据 2017 年 10 月 7 日《国务院关于修改部分行政法规的决定》修订)

第二章　车辆和驾驶人

第一节　机　动　车

第四条　机动车的登记,分为注册登记、变更登记、转移登记、抵押登记和注销登记。

第五条　初次申领机动车号牌、行驶证的,应当向机动车所有人住所地的公安机关交通管理部门申请注册登记。

申请机动车注册登记,应当交验机动车,并提交以下证明、凭证:

(一)机动车所有人的身份证明;

(二)购车发票等机动车来历证明;

(三)机动车整车出厂合格证明或者进口机动车进口凭证;

(四)车辆购置税完税证明或者免税凭证;

(五)机动车第三者责任强制保险凭证;

(六)法律、行政法规规定应当在机动车注册登记时提交的其他证明、凭证。

不属于国务院机动车产品主管部门规定免予安全技术检验的车型的,还应当提供机动车安全技术检验合格证明。

第六条　已注册登记的机动车有下列情形之一的,机动车所有人应当向登记该机动车的公安机关交通管理部门申请变更登记:

(一)改变机动车车身颜色的;

(二)更换发动机的;

(三)更换车身或者车架的;

(四)因质量有问题,制造厂更换整车的;

(五)营运机动车改为非营运机动车或者非营运机动车改为营运机动车的;

(六)机动车所有人的住所迁出或者迁入公安机关交通管理部门管辖区域的。

申请机动车变更登记,应当提交下列证明、凭证,属于前款第(一)项、第(二)项、第(三)项、第(四)项、第(五)项情形之一的,还应当交验机动车；属于前款第（二）项、第（三）项情形之一的，还应当同时提交机动车安全技术检验合格证明：

（一）机动车所有人的身份证明；

（二）机动车登记证书；

（三）机动车行驶证。

机动车所有人的住所在公安机关交通管理部门管辖区域内迁移、机动车所有人的姓名（单位名称）或者联系方式变更的，应当向登记该机动车的公安机关交通管理部门备案。

第七条 已注册登记的机动车所有权发生转移的，应当及时办理转移登记。

申请机动车转移登记，当事人应当向登记该机动车的公安机关交通管理部门交验机动车，并提交以下证明、凭证：

（一）当事人的身份证明；

（二）机动车所有权转移的证明、凭证；

（三）机动车登记证书；

（四）机动车行驶证。

第八条 机动车所有人将机动车作为抵押物抵押的，机动车所有人应当向登记该机动车的公安机关交通管理部门申请抵押登记。

第九条 已注册登记的机动车达到国家规定的强制报废标准的，公安机关交通管理部门应当在报废期满的 2 个月前通知机动车所有人办理注销登记。机动车所有人应当在报废期满前将机动车交售给机动车回收企业，由机动车回收企业将报废的机动车登记证书、号牌、行驶证交公安机关交通管理部门注销。机动车所有人逾期不办理注销登记的，公安机关交通管理部门应当公告该机动车登记证书、号牌、行驶证作废。

因机动车灭失申请注销登记的，机动车所有人应当向公安机关交通管理部门提交本人身份证明,交回机动车登记证书。

第十条 办理机动车登记的申请人提交的证明、凭证齐全、有效的,公安机关交通管理部门应当当场办理登记手续。

人民法院、人民检察院以及行政执法部门依法查封、扣押的机动车,公安机关交通管理部门不予办理机动车登记。

第十一条 机动车登记证书、号牌、行驶证丢失或者损毁,机动车所有人申请补发的,应当向公安机关交通管理部门提交本人身份证明和申请材料。公安机关交通管理部门经与机动车登记档案核实后,在收到申请之日起15日内补发。

第十二条 税务部门、保险机构可以在公安机关交通管理部门的办公场所集中办理与机动车有关的税费缴纳、保险合同订立等事项。

第十三条 机动车号牌应当悬挂在车前、车后指定位置,保持清晰、完整。重型、中型载货汽车及其挂车、拖拉机及其挂车的车身或者车厢后部应当喷涂放大的牌号,字样应当端正并保持清晰。

机动车检验合格标志、保险标志应当粘贴在机动车前窗右上角。

机动车喷涂、粘贴标识或者车身广告的,不得影响安全驾驶。

第十四条 用于公路营运的载客汽车、重型载货汽车、半挂牵引车应当安装、使用符合国家标准的行驶记录仪。交通警察可以对机动车行驶速度、连续驾驶时间以及其他行驶状态信息进行检查。安装行驶记录仪可以分步实施,实施步骤由国务院机动车产品主管部门会同有关部门规定。

第十五条 机动车安全技术检验由机动车安全技术检验机构实施。机动车安全技术检验机构应当按照国家机动车安全技术检验标准对机动车进行检验,对检验结果承担法律责任。

质量技术监督部门负责对机动车安全技术检验机构实行计量认证管理,对机动车安全技术检验设备进行检定,对执行国家机动车安全技术检验标准的情况进行监督。

机动车安全技术检验项目由国务院公安部门会同国务院质量技术监督部门规定。

第十六条 机动车应当从注册登记之日起,按照下列期限进行安全技术检验:

(一)营运载客汽车5年以内每年检验1次;超过5年的,每6个月检验1次;

(二)载货汽车和大型、中型非营运载客汽车10年以内每年检验1次;超过10年的,每6个月检验1次;

(三)小型、微型非营运载客汽车6年以内每2年检验1次;超过6年的,每年检验1次;超过15年的,每6个月检验1次;

(四)摩托车4年以内每2年检验1次;超过4年的,每年检验1次;

(五)拖拉机和其他机动车每年检验1次。

营运机动车在规定检验期限内经安全技术检验合格的,不再重复进行安全技术检验。

第十七条 已注册登记的机动车进行安全技术检验时,机动车行驶证记载的登记内容与该机动车的有关情况不符,或者未按照规定提供机动车第三者责任强制保险凭证的,不予通过检验。

第十八条 警车、消防车、救护车、工程救险车标志图案的喷涂以及警报器、标志灯具的安装、使用规定,由国务院公安部门制定。

第二节 机动车驾驶人

第十九条 符合国务院公安部门规定的驾驶许可条件的人,

可以向公安机关交通管理部门申请机动车驾驶证。

机动车驾驶证由国务院公安部门规定式样并监制。

第二十条　机动车的驾驶培训实行社会化,由交通运输主管部门对驾驶培训学校、驾驶培训班实行备案管理,并对驾驶培训活动加强监督,其中专门的拖拉机驾驶培训学校、驾驶培训班由农业(农业机械)主管部门实行监督管理。

在道路上学习驾驶,应当按照公安机关交通管理部门指定的路线、时间进行。在道路上学习机动车驾驶技能应当使用教练车,在教练员随车指导下进行,与教学无关的人员不得乘坐教练车。学员在学习驾驶中有道路交通安全违法行为或者造成交通事故的,由教练员承担责任。

第二十一条　公安机关交通管理部门应当对申请机动车驾驶证的人进行考试,对考试合格的,在5日内核发机动车驾驶证;对考试不合格的,书面说明理由。

第二十二条　机动车驾驶证的有效期为6年,本条例另有规定的除外。

机动车驾驶人初次申领机动车驾驶证后的12个月为实习期。在实习期内驾驶机动车的,应当在车身后部粘贴或者悬挂统一式样的实习标志。

机动车驾驶人在实习期内不得驾驶公共汽车、营运客车或者执行任务的警车、消防车、救护车、工程救险车以及载有爆炸物品、易燃易爆化学物品、剧毒或者放射性等危险物品的机动车;驾驶的机动车不得牵引挂车。

第二十三条　公安机关交通管理部门对机动车驾驶人的道路交通安全违法行为除给予行政处罚外,实行道路交通安全违法行为累积记分(以下简称记分)制度,记分周期为12个月。对在一个记分周期内记分达到12分的,由公安机关交通管理部门扣留其机动车驾驶证,该机动车驾驶人应当按照规定参加道路交通安全法律、法规的学习并接受考试。考试合格的,记分予以清除,发还机动车驾驶证;考试不合格的,继续参加学习和考试。

应当给予记分的道路交通安全违法行为及其分值,由国务院公安部门根据道路交通安全违法行为的危害程度规定。

公安机关交通管理部门应当提供记分查询方式供机动车驾驶人查询。

第二十四条 机动车驾驶人在一个记分周期内记分未达到12分,所处罚款已经缴纳的,记分予以清除;记分虽未达到12分,但尚有罚款未缴纳的,记分转入下一记分周期。

机动车驾驶人在一个记分周期内记分2次以上达到12分的,除按照第二十三条的规定扣留机动车驾驶证、参加学习、接受考试外,还应当接受驾驶技能考试。考试合格的,记分予以清除,发还机动车驾驶证;考试不合格的,继续参加学习和考试。

接受驾驶技能考试的,按照本人机动车驾驶证载明的最高准驾车型考试。

第二十五条 机动车驾驶人记分达到12分,拒不参加公安机关交通管理部门通知的学习,也不接受考试的,由公安机关交通管理部门公告其机动车驾驶证停止使用。

第二十六条 机动车驾驶人在机动车驾驶证的6年有效期内,每个记分周期均未达到12分的,换发10年有效期的机动车驾驶证;在机动车驾驶证的10年有效期内,每个记分周期均未达到12分的,换发长期有效的机动车驾驶证。

换发机动车驾驶证时,公安机关交通管理部门应当对机动车驾驶证进行审验。

第二十七条 机动车驾驶证丢失、损毁,机动车驾驶人申请补发的,应当向公安机关交通管理部门提交本人身份证明和申请材料。公安机关交通管理部门经与机动车驾驶证档案核实后,在收到申请之日起3日内补发。

第二十八条 机动车驾驶人在机动车驾驶证丢失、损毁、超过有效期或者被依法扣留、暂扣期间以及记分达到12分的,不得驾驶机动车。

第三章 道路通行条件

第二十九条 交通信号灯分为:机动车信号灯、非机动车信号灯、人行横道信号灯、车道信号灯、方向指示信号灯、闪光警告信号灯、道路与铁路平面交叉道口信号灯。

第三十条 交通标志分为:指示标志、警告标志、禁令标志、指路标志、旅游区标志、道路施工安全标志和辅助标志。

道路交通标线分为:指示标线、警告标线、禁止标线。

第三十一条 交通警察的指挥分为:手势信号和使用器具的交通指挥信号。

第三十二条 道路交叉路口和行人横过道路较为集中的路段应当设置人行横道、过街天桥或者过街地下通道。

在盲人通行较为集中的路段,人行横道信号灯应当设置声响提示装置。

第三十三条 城市人民政府有关部门可以在不影响行人、车辆通行的情况下,在城市道路上施划停车泊位,并规定停车泊位的使用时间。

第三十四条 开辟或者调整公共汽车、长途汽车的行驶路线或者车站,应当符合交通规划和安全、畅通的要求。

第三十五条 道路养护施工单位在道路上进行养护、维修时,应当按照规定设置规范的安全警示标志和安全防护设施。道路养护施工作业车辆、机械应当安装示警灯，喷涂明显的标志图案，作业时应当开启示警灯和危险报警闪光灯。对未中断交通的施工作业道路，公安机关交通管理部门应当加强交通安全监督检查。发生交通阻塞时，及时做好分流、疏导，维护交通秩序。

道路施工需要车辆绕行的，施工单位应当在绕行处设置标志；不能绕行的，应当修建临时通道，保证车辆和行人通行。需要封闭道路中断交通的，除紧急情况外，应当提前5日向社会公告。

第三十六条 道路或者交通设施养护部门、管理部门应当在急弯、陡坡、临崖、临水等危险路段，按照国家标准设置警告标志和安全防护设施。

第三十七条 道路交通标志、标线不规范，机动车驾驶人容易发生辨认错误的，交通标志、标线的主管部门应当及时予以改善。

道路照明设施应当符合道路建设技术规范，保持照明功能完好。

第四章 道路通行规定

第一节 一般规定

第三十八条 机动车信号灯和非机动车信号灯表示：

（一）绿灯亮时，准许车辆通行，但转弯的车辆不得妨碍被放行的直行车辆、行人通行；

（二）黄灯亮时，已越过停止线的车辆可以继续通行；

（三）红灯亮时，禁止车辆通行。

在未设置非机动车信号灯和人行横道信号灯的路口，非机动车和行人应当按照机动车信号灯的表示通行。

红灯亮时，右转弯的车辆在不妨碍被放行的车辆、行人通行的情况下，可以通行。

第三十九条 人行横道信号灯表示：

（一）绿灯亮时，准许行人通过人行横道；

（二）红灯亮时，禁止行人进入人行横道，但是已经进入人行横道的，可以继续通过或者在道路中心线处停留等候。

第四十条 车道信号灯表示：

（一）绿色箭头灯亮时，准许本车道车辆按指示方向通行；

（二）红色叉形灯或者箭头灯亮时，禁止本车道车辆通行。

第四十一条 方向指示信号灯的箭头方向向左、向上、向右分别表示左转、直行、右转。

第四十二条 闪光警告信号灯为持续闪烁的黄灯，提示车辆、行人通行时注意瞭望，确认安全后通过。

第四十三条 道路与铁路平面交叉道口有两个红灯交替闪烁或者一个红灯亮时，表示禁止车辆、行人通行；红灯熄灭时，表示允许车辆、行人通行。

第二节 机动车通行规定

第四十四条 在道路同方向划有2条以上机动车道的，左侧为快速车道，右侧为慢速车道。在快速车道行驶的机动车应当按照快速车道规定的速度行驶，未达到快速车道规定的行驶速度的，应当在慢速车道行驶。摩托车应当在最右侧车道行驶。有交通标志标明行驶速度的，按照标明的行驶速度行驶。慢速车道内的机动车超越前车时，可以借用快速车道行驶。

在道路同方向划有2条以上机动车道的，变更车道的机动车不得影响相关车道内行驶的机动车的正常行驶。

第四十五条 机动车在道路上行驶不得超过限速标志、标线标明的速度。在没有限速标志、标线的道路上，机动车不得超过下列最高行驶速度：

（一）没有道路中心线的道路，城市道路为每小时30公里，公路为每小时40公里；

（二）同方向只有1条机动车道的道路，城市道路为每小时50公里，公路为每小时70公里。

第四十六条 机动车行驶中遇有下列情形之一的，最高行驶速度不得超过每小时30公里，其中拖拉机、电瓶车、轮式专用机械车不得超过每小时15公里：

（一）进出非机动车道，通过铁路道口、急弯路、窄路、窄桥时；

（二）掉头、转弯、下陡坡时；

（三）遇雾、雨、雪、沙尘、冰雹，能见度在50米以内时；

（四）在冰雪、泥泞的道路上行驶时；

（五）牵引发生故障的机动车时。

第四十七条 机动车超车时，应当提前开启左转向灯、变换使用远、近光灯或者鸣喇叭。在没有道路中心线或者同方向只有1条机动车道的道路上，前车遇后车发出超车信号时，在条件许可的情况下，应当降低速度、靠右让路。后车应当在确认有充足的安全距离后，从前车的左侧超越，在与被超车辆拉开必要的安全距离后，开启右转向灯，驶回原车道。

第四十八条 在没有中心隔离设施或者没有中心线的道路上，机动车遇相对方向来车时应当遵守下列规定：

（一）减速靠右行驶，并与其他车辆、行人保持必要的安全距离；

（二）在有障碍的路段，无障碍的一方先行；但有障碍的一方已驶入障碍路段而无障碍的一方未驶入时，有障碍的一方先行；

(三)在狭窄的坡路,上坡的一方先行;但下坡的一方已行至中途而上坡的一方未上坡时,下坡的一方先行;

(四)在狭窄的山路,不靠山体的一方先行;

(五)夜间会车应当在距相对方向来车150米以外改用近光灯,在窄路、窄桥与非机动车会车时应当使用近光灯。

第四十九条　机动车在有禁止掉头或者禁止左转弯标志、标线的地点以及在铁路道口、人行横道、桥梁、急弯、陡坡、隧道或者容易发生危险的路段,不得掉头。

机动车在没有禁止掉头或者没有禁止左转弯标志、标线的地点可以掉头,但不得妨碍正常行驶的其他车辆和行人的通行。

第五十条　机动车倒车时,应当察明车后情况,确认安全后倒车。不得在铁路道口、交叉路口、单行路、桥梁、急弯、陡坡或者隧道中倒车。

第五十一条　机动车通过有交通信号灯控制的交叉路口,应当按照下列规定通行:

(一)在划有导向车道的路口,按所需行进方向驶入导向车道;

(二)准备进入环形路口的让已在路口内的机动车先行;

(三)向左转弯时,靠路口中心点左侧转弯。转弯时开启转向灯,夜间行驶开启近光灯;

(四)遇放行信号时,依次通过;

(五)遇停止信号时,依次停在停止线以外。没有停止线的,停在路口以外;

(六)向右转弯遇有同车道前车正在等候放行信号时,依次停车等候;

(七)在没有方向指示信号灯的交叉路口,转弯的机动车让直行的车辆、行人先行。相对方向行驶的右转弯机动车让左转弯车辆先行。

第五十二条 机动车通过没有交通信号灯控制也没有交通警察指挥的交叉路口，除应当遵守第五十一条第（二）项、第（三）项的规定外，还应当遵守下列规定：

（一）有交通标志、标线控制的，让优先通行的一方先行；

（二）没有交通标志、标线控制的，在进入路口前停车瞭望，让右方道路的来车先行；

（三）转弯的机动车让直行的车辆先行；

（四）相对方向行驶的右转弯的机动车让左转弯的车辆先行。

第五十三条 机动车遇有前方交叉路口交通阻塞时，应当依次停在路口以外等候，不得进入路口。

机动车在遇有前方机动车停车排队等候或者缓慢行驶时，应当依次排队，不得从前方车辆两侧穿插或者超越行驶，不得在人行横道、网状线区域内停车等候。

机动车在车道减少的路口、路段，遇有前方机动车停车排队等候或者缓慢行驶的，应当每车道一辆依次交替驶入车道减少后的路口、路段。

第五十四条 机动车载物不得超过机动车行驶证上核定的载质量，装载长度、宽度不得超出车厢，并应当遵守下列规定：

（一）重型、中型载货汽车，半挂车载物，高度从地面起不得超过4米，载运集装箱的车辆不得超过4.2米；

（二）其他载货的机动车载物，高度从地面起不得超过2.5米；

（三）摩托车载物，高度从地面起不得超过1.5米，长度不得超出车身0.2米。两轮摩托车载物宽度左右各不得超出车把0.15米；三轮摩托车载物宽度不得超过车身。

载客汽车除车身外部的行李架和内置的行李箱外，不得载货。载客汽车行李架载货,从车顶起高度不得超过0.5米,从地面起高度不得超过4米。

第五十五条　机动车载人应当遵守下列规定:

(一)公路载客汽车不得超过核定的载客人数,但按照规定免票的儿童除外,在载客人数已满的情况下,按照规定免票的儿童不得超过核定载客人数的10%;

(二)载货汽车车厢不得载客。在城市道路上,货运机动车在留有安全位置的情况下,车厢内可以附载临时作业人员1人至5人;载物高度超过车厢栏板时,货物上不得载人;

(三)摩托车后座不得乘坐未满12周岁的未成年人,轻便摩托车不得载人。

第五十六条　机动车牵引挂车应当符合下列规定:

(一)载货汽车、半挂牵引车、拖拉机只允许牵引1辆挂车。挂车的灯光信号、制动、连接、安全防护等装置应当符合国家标准;

(二)小型载客汽车只允许牵引旅居挂车或者总质量700千克以下的挂车。挂车不得载人;

(三)载货汽车所牵引挂车的载质量不得超过载货汽车本身的载质量。

大型、中型载客汽车,低速载货汽车,三轮汽车以及其他机动车不得牵引挂车。

第五十七条　机动车应当按照下列规定使用转向灯:

(一)向左转弯、向左变更车道、准备超车、驶离停车地点或者掉头时,应当提前开启左转向灯;

(二)向右转弯、向右变更车道、超车完毕驶回原车道、靠路边停车时,应当提前开启右转向灯。

第五十八条　机动车在夜间没有路灯、照明不良或者遇有雾、雨、雪、沙尘、冰雹等低能见度情况下行驶时,应当开启前照灯、示廓灯和后位灯，但同方向行驶的后车与前车近距离行驶时，不得使用远光灯。机动车雾天行驶应当开启雾灯和危险报警闪光灯。

第五十九条 机动车在夜间通过急弯、坡路、拱桥、人行横道或者没有交通信号灯控制的路口时，应当交替使用远近光灯示意。

机动车驶近急弯、坡道顶端等影响安全视距的路段以及超车或者遇有紧急情况时，应当减速慢行，并鸣喇叭示意。

第六十条 机动车在道路上发生故障或者发生交通事故，妨碍交通又难以移动的，应当按照规定开启危险报警闪光灯并在车后 50 米至 100 米处设置警告标志，夜间还应当同时开启示廓灯和后位灯。

第六十一条 牵引故障机动车应当遵守下列规定：

（一）被牵引的机动车除驾驶人外不得载人，不得拖带挂车；

（二）被牵引的机动车宽度不得大于牵引机动车的宽度；

（三）使用软连接牵引装置时，牵引车与被牵引车之间的距离应当大于 4 米小于 10 米；

（四）对制动失效的被牵引车，应当使用硬连接牵引装置牵引；

（五）牵引车和被牵引车均应当开启危险报警闪光灯。

汽车吊车和轮式专用机械车不得牵引车辆。摩托车不得牵引车辆或者被其他车辆牵引。

转向或者照明、信号装置失效的故障机动车，应当使用专用清障车拖曳。

第六十二条 驾驶机动车不得有下列行为：

（一）在车门、车厢没有关好时行车；

（二）在机动车驾驶室的前后窗范围内悬挂、放置妨碍驾驶人视线的物品；

(三)拨打接听手持电话、观看电视等妨碍安全驾驶的行为;

(四)下陡坡时熄火或者空挡滑行;

(五)向道路上抛撒物品;

(六)驾驶摩托车手离车把或者在车把上悬挂物品;

(七)连续驾驶机动车超过4小时未停车休息或者停车休息时间少于20分钟;

(八)在禁止鸣喇叭的区域或者路段鸣喇叭。

第六十三条　机动车在道路上临时停车,应当遵守下列规定:

(一)在设有禁停标志、标线的路段,在机动车道与非机动车道、人行道之间设有隔离设施的路段以及人行横道、施工地段,不得停车;

(二)交叉路口、铁路道口、急弯路、宽度不足4米的窄路、桥梁、陡坡、隧道以及距离上述地点50米以内的路段,不得停车;

(三)公共汽车站、急救站、加油站、消防栓或者消防队(站)门前以及距离上述地点30米以内的路段,除使用上述设施的以外,不得停车;

(四)车辆停稳前不得开车门和上下人员,开关车门不得妨碍其他车辆和行人通行;

(五)路边停车应当紧靠道路右侧,机动车驾驶人不得离车,上下人员或者装卸物品后,立即驶离;

(六)城市公共汽车不得在站点以外的路段停车上下乘客。

第六十四条　机动车行经漫水路或者漫水桥时,应当停车察明水情,确认安全后,低速通过。

第六十五条　机动车载运超限物品行经铁路道口的,应当按照当地铁路部门指定的铁路道口、时间通过。

机动车行经渡口,应当服从渡口管理人员指挥,按照指定地点依次待渡。机动车上下渡船时,应当低速慢行。

第六十六条 警车、消防车、救护车、工程救险车在执行紧急任务遇交通受阻时，可以断续使用警报器，并遵守下列规定：

（一）不得在禁止使用警报器的区域或者路段使用警报器；

（二）夜间在市区不得使用警报器；

（三）列队行驶时，前车已经使用警报器的，后车不再使用警报器。

第六十七条 在单位院内、居民居住区内，机动车应当低速行驶，避让行人；有限速标志的，按照限速标志行驶。

第三节 非机动车通行规定

第六十八条 非机动车通过有交通信号灯控制的交叉路口，应当按照下列规定通行：

（一）转弯的非机动车让直行的车辆、行人优先通行；

（二）遇有前方路口交通阻塞时，不得进入路口；

（三）向左转弯时，靠路口中心点的右侧转弯；

（四）遇有停止信号时，应当依次停在路口停止线以外。没有停止线的，停在路口以外；

（五）向右转弯遇有同方向前车正在等候放行信号时，在本车道内能够转弯的，可以通行；不能转弯的，依次等候。

第六十九条 非机动车通过没有交通信号灯控制也没有交通警察指挥的交叉路口，除应当遵守第六十八条第（一）项、第（二）项和第（三）项的规定外，还应当遵守下列规定：

（一）有交通标志、标线控制的，让优先通行的一方先行；

（二）没有交通标志、标线控制的，在路口外慢行或者停车瞭望，让右方道路的来车先行；

（三）相对方向行驶的右转弯的非机动车让左转弯的车辆

先行。

第七十条 驾驶自行车、电动自行车、三轮车在路段上横过机动车道,应当下车推行,有人行横道或者行人过街设施的,应当从人行横道或者行人过街设施通过;没有人行横道、没有行人过街设施或者不便使用行人过街设施的,在确认安全后直行通过。

因非机动车道被占用无法在本车道内行驶的非机动车,可以在受阻的路段借用相邻的机动车道行驶,并在驶过被占用路段后迅速驶回非机动车道。机动车遇此情况应当减速让行。

第七十一条 非机动车载物,应当遵守下列规定:

(一)自行车、电动自行车、残疾人机动轮椅车载物,高度从地面起不得超过1.5米,宽度左右各不得超出车把0.15米,长度前端不得超出车轮,后端不得超出车身0.3米;

(二)三轮车、人力车载物,高度从地面起不得超过2米,宽度左右各不得超出车身0.2米,长度不得超出车身1米;

(三)畜力车载物,高度从地面起不得超过2.5米,宽度左右各不得超出车身0.2米,长度前端不得超出车辕,后端不得超出车身1米。

自行车载人的规定,由省、自治区、直辖市人民政府根据当地实际情况制定。

第七十二条 在道路上驾驶自行车、三轮车、电动自行车、残疾人机动轮椅车应当遵守下列规定:

(一)驾驶自行车、三轮车必须年满12周岁;

(二)驾驶电动自行车和残疾人机动轮椅车必须年满16周岁;

(三)不得醉酒驾驶;

(四)转弯前应当减速慢行,伸手示意,不得突然猛拐,超越前车时不得妨碍被超越的车辆行驶;

（五）不得牵引、攀扶车辆或者被其他车辆牵引，不得双手离把或者手中持物；

（六）不得扶身并行、互相追逐或者曲折竞驶；

（七）不得在道路上骑独轮自行车或者2人以上骑行的自行车；

（八）非下肢残疾的人不得驾驶残疾人机动轮椅车；

（九）自行车、三轮车不得加装动力装置；

（十）不得在道路上学习驾驶非机动车。

第七十三条　在道路上驾驭畜力车应当年满16周岁，并遵守下列规定：

（一）不得醉酒驾驭；

（二）不得并行，驾驭人不得离开车辆；

（三）行经繁华路段、交叉路口、铁路道口、人行横道、急弯路、宽度不足4米的窄路或者窄桥、陡坡、隧道或者容易发生危险的路段，不得超车。驾驭两轮畜力车应当下车牵引牲畜；

（四）不得使用未经驯服的牲畜驾车，随车幼畜须拴系；

（五）停放车辆应当拉紧车闸，拴系牲畜。

第四节　行人和乘车人通行规定

第七十四条　行人不得有下列行为：

（一）在道路上使用滑板、旱冰鞋等滑行工具；

（二）在车行道内坐卧、停留、嬉闹；

（三）追车、抛物击车等妨碍道路交通安全的行为。

第七十五条　行人横过机动车道，应当从行人过街设施通过；没有行人过街设施的，应当从人行横道通过；没有人行横道的，应当观察来往车辆的情况，确认安全后直行通过，不得在车辆临近时突然加速横穿或者中途倒退、折返。

第七十六条　行人列队在道路上通行,每横列不得超过 2 人,但在已经实行交通管制的路段不受限制。

第七十七条　乘坐机动车应当遵守下列规定:

(一)不得在机动车道上拦乘机动车;

(二)在机动车道上不得从机动车左侧上下车;

(三)开关车门不得妨碍其他车辆和行人通行;

(四)机动车行驶中,不得干扰驾驶,不得将身体任何部分伸出车外,不得跳车;

(五)乘坐两轮摩托车应当正向骑坐。

第五节　高速公路的特别规定

第七十八条　高速公路应当标明车道的行驶速度,最高车速不得超过每小时 120 公里,最低车速不得低于每小时 60 公里。

在高速公路上行驶的小型载客汽车最高车速不得超过每小时 120 公里,其他机动车不得超过每小时 100 公里,摩托车不得超过每小时 80 公里。

同方向有 2 条车道的,左侧车道的最低车速为每小时 100 公里;同方向有 3 条以上车道的,最左侧车道的最低车速为每小时 110 公里,中间车道的最低车速为每小时 90 公里。道路限速标志标明的车速与上述车道行驶车速的规定不一致的,按照道路限速标志标明的车速行驶。

第七十九条　机动车从匝道驶入高速公路,应当开启左转向灯,在不妨碍已在高速公路内的机动车正常行驶的情况下驶入车道。

机动车驶离高速公路时,应当开启右转向灯,驶入减速车道,降低车速后驶离。

第八十条 机动车在高速公路上行驶，车速超过每小时 100 公里时，应当与同车道前车保持 100 米以上的距离，车速低于每小时 100 公里时，与同车道前车距离可以适当缩短，但最小距离不得少于 50 米。

第八十一条 机动车在高速公路上行驶，遇有雾、雨、雪、沙尘、冰雹等低能见度气象条件时，应当遵守下列规定：

（一）能见度小于 200 米时，开启雾灯、近光灯、示廓灯和前后位灯，车速不得超过每小时 60 公里，与同车道前车保持 100 米以上的距离；

（二）能见度小于 100 米时，开启雾灯、近光灯、示廓灯、前后位灯和危险报警闪光灯，车速不得超过每小时 40 公里，与同车道前车保持 50 米以上的距离；

（三）能见度小于 50 米时，开启雾灯、近光灯、示廓灯、前后位灯和危险报警闪光灯，车速不得超过每小时 20 公里，并从最近的出口尽快驶离高速公路。

遇有前款规定情形时，高速公路管理部门应当通过显示屏等方式发布速度限制、保持车距等提示信息。

第八十二条 机动车在高速公路上行驶，不得有下列行为：

（一）倒车、逆行、穿越中央分隔带掉头或者在车道内停车；

（二）在匝道、加速车道或者减速车道上超车；

（三）骑、轧车行道分界线或者在路肩上行驶；

（四）非紧急情况时在应急车道行驶或者停车；

（五）试车或者学习驾驶机动车。

第八十三条 在高速公路上行驶的载货汽车车厢不得载人。两轮摩托车在高速公路行驶时不得载人。

第八十四条 机动车通过施工作业路段时，应当注意警示标志,减速行驶。

第八十五条　城市快速路的道路交通安全管理,参照本节的规定执行。

高速公路、城市快速路的道路交通安全管理工作,省、自治区、直辖市人民政府公安机关交通管理部门可以指定设区的市人民政府公安机关交通管理部门或者相当于同级的公安机关交通管理部门承担。

第五章　交通事故处理

第八十六条　机动车与机动车、机动车与非机动车在道路上发生未造成人身伤亡的交通事故,当事人对事实及成因无争议的,在记录交通事故的时间、地点、对方当事人的姓名和联系方式、机动车牌号、驾驶证号、保险凭证号、碰撞部位,并共同签名后,撤离现场,自行协商损害赔偿事宜。当事人对交通事故事实及成因有争议的,应当迅速报警。

第八十七条　非机动车与非机动车或者行人在道路上发生交通事故,未造成人身伤亡,且基本事实及成因清楚的,当事人应当先撤离现场,再自行协商处理损害赔偿事宜。当事人对交通事故事实及成因有争议的,应当迅速报警。

第八十八条　机动车发生交通事故,造成道路、供电、通讯等设施损毁的,驾驶人应当报警等候处理,不得驶离。机动车可以移动的,应当将机动车移至不妨碍交通的地点。公安机关交通管理部门应当将事故有关情况通知有关部门。

第八十九条　公安机关交通管理部门或者交通警察接到交通事故报警,应当及时赶赴现场,对未造成人身伤亡,事实清楚,并且机动车可以移动的,应当在记录事故情况后责令当事人撤离现场,恢复交通。对拒不撤离现场的,予以强制撤离。

对属于前款规定情况的道路交通事故,交通警察可以适用简易程序处理,并当场出具事故认定书。当事人共同请求调解的,交通警察可以当场对损害赔偿争议进行调解。

对道路交通事故造成人员伤亡和财产损失需要勘验、检查现场的,公安机关交通管理部门应当按照勘查现场工作规范进行。现场勘查完毕,应当组织清理现场,恢复交通。

第九十条 投保机动车第三者责任强制保险的机动车发生交通事故,因抢救受伤人员需要保险公司支付抢救费用的,由公安机关交通管理部门通知保险公司。

抢救受伤人员需要道路交通事故救助基金垫付费用的,由公安机关交通管理部门通知道路交通事故社会救助基金管理机构。

第九十一条 公安机关交通管理部门应当根据交通事故当事人的行为对发生交通事故所起的作用以及过错的严重程度,确定当事人的责任。

第九十二条 发生交通事故后当事人逃逸的,逃逸的当事人承担全部责任。但是,有证据证明对方当事人也有过错的,可以减轻责任。

当事人故意破坏、伪造现场、毁灭证据的,承担全部责任。

第九十三条 公安机关交通管理部门对经过勘验、检查现场的交通事故应当在勘查现场之日起 10 日内制作交通事故认定书。对需要进行检验、鉴定的,应当在检验、鉴定结果确定之日起 5 日内制作交通事故认定书。

第九十四条 当事人对交通事故损害赔偿有争议,各方当事人一致请求公安机关交通管理部门调解的,应当在收到交通事故认定书之日起 10 日内提出书面调解申请。

对交通事故致死的,调解从办理丧葬事宜结束之日起开始;

对交通事故致伤的,调解从治疗终结或者定残之日起开始;对交通事故造成财产损失的,调解从确定损失之日起开始。

第九十五条　公安机关交通管理部门调解交通事故损害赔偿争议的期限为10日。调解达成协议的,公安机关交通管理部门应当制作调解书送交各方当事人,调解书经各方当事人共同签字后生效;调解未达成协议的,公安机关交通管理部门应当制作调解终结书送交各方当事人。

交通事故损害赔偿项目和标准依照有关法律的规定执行。

第九十六条　对交通事故损害赔偿的争议,当事人向人民法院提起民事诉讼的,公安机关交通管理部门不再受理调解申请。

公安机关交通管理部门调解期间,当事人向人民法院提起民事诉讼的,调解终止。

第九十七条　车辆在道路以外发生交通事故,公安机关交通管理部门接到报案的,参照道路交通安全法和本条例的规定处理。

车辆、行人与火车发生的交通事故以及在渡口发生的交通事故,依照国家有关规定处理。

中华人民共和国保险法(节录)

(1995年6月30日第八届全国人民代表大会常务委员会第十四次会议通过 根据2002年10月28日第九届全国人民代表大会常务委员会第三十次会议《关于修改〈中华人民共和国保险法〉的决定》第一次修正 2009年2月28日第十一届全国人民代表大会常务委员会第七次会议修订 根据2014年8月31日第十二届全国人民代表大会常务委员会第十次会议《关于修改〈中华人民共和国保险法〉等五部法律的决定》第二次修正 根据2015年4月24日第十二届全国人民代表大会常务委员会第十四次会议《关于修改〈中华人民共和国计量法〉等五部法律的决定》第三次修正)

第二章 保险合同

第一节 一般规定

第十条 保险合同是投保人与保险人约定保险权利义务关系的协议。

投保人是指与保险人订立保险合同,并按照合同约定负有支付保险费义务的人。

保险人是指与投保人订立保险合同,并按照合同约定承担赔偿或者给付保险金责任的保险公司。

第十一条 订立保险合同,应当协商一致,遵循公平原则确定各方的权利和义务。

除法律、行政法规规定必须保险的外,保险合同自愿订立。

第十二条 人身保险的投保人在保险合同订立时,对被保险人应当具有保险利益。

财产保险的被保险人在保险事故发生时,对保险标的应当具有保险利益。

人身保险是以人的寿命和身体为保险标的的保险。

财产保险是以财产及其有关利益为保险标的的保险。

被保险人是指其财产或者人身受保险合同保障,享有保险金请求权的人。投保人可以为被保险人。

保险利益是指投保人或者被保险人对保险标的具有的法律上承认的利益。

第十三条 投保人提出保险要求,经保险人同意承保,保险合同成立。保险人应当及时向投保人签发保险单或者其他保险凭证。

保险单或者其他保险凭证应当载明当事人双方约定的合同内容。当事人也可以约定采用其他书面形式载明合同内容。

依法成立的保险合同,自成立时生效。投保人和保险人可以对合同的效力约定附条件或者附期限。

第十四条 保险合同成立后,投保人按照约定交付保险费,保险人按照约定的时间开始承担保险责任。

第十五条 除本法另有规定或者保险合同另有约定外,保险合同成立后,投保人可以解除合同,保险人不得解除合同。

第十六条 订立保险合同，保险人就保险标的或者被保险人的有关情况提出询问的，投保人应当如实告知。

投保人故意或者因重大过失未履行前款规定的如实告知义务，足以影响保险人决定是否同意承保或者提高保险费率的，保险人有权解除合同。

前款规定的合同解除权，自保险人知道有解除事由之日起，超过三十日不行使而消灭。自合同成立之日起超过二年的，保险人不得解除合同；发生保险事故的，保险人应当承担赔偿或者给付保险金的责任。

投保人故意不履行如实告知义务的，保险人对于合同解除前发生的保险事故，不承担赔偿或者给付保险金的责任，并不退还保险费。

投保人因重大过失未履行如实告知义务，对保险事故的发生有严重影响的，保险人对于合同解除前发生的保险事故，不承担赔偿或者给付保险金的责任，但应当退还保险费。

保险人在合同订立时已经知道投保人未如实告知的情况的，保险人不得解除合同；发生保险事故的，保险人应当承担赔偿或者给付保险金的责任。

保险事故是指保险合同约定的保险责任范围内的事故。

第十七条 订立保险合同，采用保险人提供的格式条款的，保险人向投保人提供的投保单应当附格式条款，保险人应当向投保人说明合同的内容。

对保险合同中免除保险人责任的条款，保险人在订立合同时应当在投保单、保险单或者其他保险凭证上作出足以引起投保人注意的提示，并对该条款的内容以书面或者口头形式向投保人作出明确说明；未作提示或者明确说明的，该条款不产生效力。

第十八条 保险合同应当包括下列事项：

(一)保险人的名称和住所;

(二)投保人、被保险人的姓名或者名称、住所,以及人身保险的受益人的姓名或者名称、住所;

(三)保险标的;

(四)保险责任和责任免除;

(五)保险期间和保险责任开始时间;

(六)保险金额;

(七)保险费以及支付办法;

(八)保险金赔偿或者给付办法;

(九)违约责任和争议处理;

(十)订立合同的年、月、日。

投保人和保险人可以约定与保险有关的其他事项。

受益人是指人身保险合同中由被保险人或者投保人指定的享有保险金请求权的人。投保人、被保险人可以为受益人。

保险金额是指保险人承担赔偿或者给付保险金责任的最高限额。

第十九条 采用保险人提供的格式条款订立的保险合同中的下列条款无效:

(一)免除保险人依法应承担的义务或者加重投保人、被保险人责任的;

(二)排除投保人、被保险人或者受益人依法享有的权利的。

第二十条 投保人和保险人可以协商变更合同内容。

变更保险合同的,应当由保险人在保险单或者其他保险凭证上批注或者附贴批单,或者由投保人和保险人订立变更的书面协议。

第二十一条 投保人、被保险人或者受益人知道保险事故发生后,应当及时通知保险人。故意或者因重大过失未及时通知,致使保险事故的性质、原因、损失程度等难以确定的，保险人对无法确定的部分，不承担赔偿或者给付保险金的责任，但保险人通过其他途径已经及时知道或者应当及时知道保险事故发生的除外。

第二十二条 保险事故发生后，按照保险合同请求保险人赔偿或者给付保险金时，投保人、被保险人或者受益人应当向保险人提供其所能提供的与确认保险事故的性质、原因、损失程度等有关的证明和资料。

保险人按照合同的约定，认为有关的证明和资料不完整的，应当及时一次性通知投保人、被保险人或者受益人补充提供。

第二十三条 保险人收到被保险人或者受益人的赔偿或者给付保险金的请求后，应当及时作出核定；情形复杂的，应当在三十日内作出核定，但合同另有约定的除外。保险人应当将核定结果通知被保险人或者受益人；对属于保险责任的，在与被保险人或者受益人达成赔偿或者给付保险金的协议后十日内，履行赔偿或者给付保险金义务。保险合同对赔偿或者给付保险金的期限有约定的，保险人应当按照约定履行赔偿或者给付保险金义务。

保险人未及时履行前款规定义务的，除支付保险金外，应当赔偿被保险人或者受益人因此受到的损失。

任何单位和个人不得非法干预保险人履行赔偿或者给付保险金的义务，也不得限制被保险人或者受益人取得保险金的权利。

第二十四条 保险人依照本法第二十三条的规定作出核定后，对不属于保险责任的，应当自作出核定之日起三日内向被保险人或者受益人发出拒绝赔偿或者拒绝给付保险金通知书，并说明理由。

第二十五条 保险人自收到赔偿或者给付保险金的请求和有关证明、资料之日起六十日内，对其赔偿或者给付保险金的数额不能确定的,应当根据已有证明和资料可以确定的数额先予支付;保险人最终确定赔偿或者给付保险金的数额后,应当支付相应的差额。

第二十六条　人寿保险以外的其他保险的被保险人或者受益人,向保险人请求赔偿或者给付保险金的诉讼时效期间为二年,自其知道或者应当知道保险事故发生之日起计算。

人寿保险的被保险人或者受益人向保险人请求给付保险金的诉讼时效期间为五年,自其知道或者应当知道保险事故发生之日起计算。

第二十七条　未发生保险事故,被保险人或者受益人谎称发生了保险事故,向保险人提出赔偿或者给付保险金请求的,保险人有权解除合同,并不退还保险费。

投保人、被保险人故意制造保险事故的,保险人有权解除合同,不承担赔偿或者给付保险金的责任;除本法第四十三条规定外,不退还保险费。

保险事故发生后,投保人、被保险人或者受益人以伪造、变造的有关证明、资料或者其他证据,编造虚假的事故原因或者夸大损失程度的,保险人对其虚报的部分不承担赔偿或者给付保险金的责任。

投保人、被保险人或者受益人有前三款规定行为之一,致使保险人支付保险金或者支出费用的,应当退回或者赔偿。

第二十八条　保险人将其承担的保险业务,以分保形式部分转移给其他保险人的,为再保险。

应再保险接受人的要求,再保险分出人应当将其自负责任及原保险的有关情况书面告知再保险接受人。

第二十九条　再保险接受人不得向原保险的投保人要求支付保险费。

原保险的被保险人或者受益人不得向再保险接受人提出赔偿或者给付保险金的请求。

再保险分出人不得以再保险接受人未履行再保险责任为由，拒绝履行或者迟延履行其原保险责任。

第三十条 采用保险人提供的格式条款订立的保险合同，保险人与投保人、被保险人或者受益人对合同条款有争议的，应当按照通常理解予以解释。对合同条款有两种以上解释的，人民法院或者仲裁机构应当作出有利于被保险人和受益人的解释。

第二节 人身保险合同

第三十一条 投保人对下列人员具有保险利益：

（一）本人；

（二）配偶、子女、父母；

（三）前项以外与投保人有抚养、赡养或者扶养关系的家庭其他成员、近亲属；

（四）与投保人有劳动关系的劳动者。

除前款规定外，被保险人同意投保人为其订立合同的，视为投保人对被保险人具有保险利益。

订立合同时，投保人对被保险人不具有保险利益的，合同无效。

第三十二条 投保人申报的被保险人年龄不真实，并且其真实年龄不符合合同约定的年龄限制的，保险人可以解除合同，并按照合同约定退还保险单的现金价值。保险人行使合同解除权，适用本法第十六条第三款、第六款的规定。

投保人申报的被保险人年龄不真实，致使投保人支付的保险费少于应付保险费的，保险人有权更正并要求投保人补交保险费,或者在给付保险金时按照实付保险费与应付保险费的比例支付。

投保人申报的被保险人年龄不真实,致使投保人支付的保险费多于应付保险费的,保险人应当将多收的保险费退还投保人。

第三十三条 投保人不得为无民事行为能力人投保以死亡为给付保险金条件的人身保险,保险人也不得承保。

父母为其未成年子女投保的人身保险,不受前款规定限制。但是,因被保险人死亡给付的保险金总和不得超过国务院保险监督管理机构规定的限额。

第三十四条 以死亡为给付保险金条件的合同,未经被保险人同意并认可保险金额的,合同无效。

按照以死亡为给付保险金条件的合同所签发的保险单,未经被保险人书面同意,不得转让或者质押。

父母为其未成年子女投保的人身保险,不受本条第一款规定限制。

第三十五条 投保人可以按照合同约定向保险人一次支付全部保险费或者分期支付保险费。

第三十六条 合同约定分期支付保险费,投保人支付首期保险费后,除合同另有约定外,投保人自保险人催告之日起超过三十日未支付当期保险费,或者超过约定的期限六十日未支付当期保险费的,合同效力中止,或者由保险人按照合同约定的条件减少保险金额。

被保险人在前款规定期限内发生保险事故的,保险人应当按照合同约定给付保险金,但可以扣减欠交的保险费。

第三十七条 合同效力依照本法第三十六条规定中止的,经保险人与投保人协商并达成协议,在投保人补交保险费后,合同效力恢复。但是,自合同效力中止之日起满二年双方未达成协议的,保险人有权解除合同。

保险人依照前款规定解除合同的,应当按照合同约定退还保险单的现金价值。

第三十八条 保险人对人寿保险的保险费,不得用诉讼方式要求投保人支付。

第三十九条 人身保险的受益人由被保险人或者投保人指定。

投保人指定受益人时须经被保险人同意。投保人为与其有劳动关系的劳动者投保人身保险,不得指定被保险人及其近亲属以外的人为受益人。

被保险人为无民事行为能力人或者限制民事行为能力人的,可以由其监护人指定受益人。

第四十条 被保险人或者投保人可以指定一人或者数人为受益人。

受益人为数人的,被保险人或者投保人可以确定受益顺序和受益份额;未确定受益份额的,受益人按照相等份额享有受益权。

第四十一条 被保险人或者投保人可以变更受益人并书面通知保险人。保险人收到变更受益人的书面通知后,应当在保险单或者其他保险凭证上批注或者附贴批单。

投保人变更受益人时须经被保险人同意。

第四十二条 被保险人死亡后,有下列情形之一的,保险金作为被保险人的遗产,由保险人依照《中华人民共和国继承法》的规定履行给付保险金的义务:

(一)没有指定受益人,或者受益人指定不明无法确定的;

(二)受益人先于被保险人死亡,没有其他受益人的;

(三)受益人依法丧失受益权或者放弃受益权,没有其他受益人的。

受益人与被保险人在同一事件中死亡,且不能确定死亡先后顺序的,推定受益人死亡在先。

第四十三条 投保人故意造成被保险人死亡、伤残或者疾病的,保险人不承担给付保险金的责任。投保人已交足二年以上保险费的,保险人应当按照合同约定向其他权利人退还保险单的现金价值。

受益人故意造成被保险人死亡、伤残、疾病的,或者故意杀害被保险人未遂的,该受益人丧失受益权。

第四十四条 以被保险人死亡为给付保险金条件的合同,自合同成立或者合同效力恢复之日起二年内,被保险人自杀的,保险人不承担给付保险金的责任,但被保险人自杀时为无民事行为能力人的除外。

保险人依照前款规定不承担给付保险金责任的,应当按照合同约定退还保险单的现金价值。

第四十五条 因被保险人故意犯罪或者抗拒依法采取的刑事强制措施导致其伤残或者死亡的,保险人不承担给付保险金的责任。投保人已交足二年以上保险费的,保险人应当按照合同约定退还保险单的现金价值。

第四十六条 被保险人因第三者的行为而发生死亡、伤残或者疾病等保险事故的,保险人向被保险人或者受益人给付保险金后,不享有向第三者追偿的权利,但被保险人或者受益人仍有权向第三者请求赔偿。

第四十七条 投保人解除合同的,保险人应当自收到解除合同通知之日起三十日内,按照合同约定退还保险单的现金价值。

第三节 财产保险合同

第四十八条 保险事故发生时,被保险人对保险标的不具有保险利益的,不得向保险人请求赔偿保险金。

第四十九条 保险标的转让的,保险标的的受让人承继被保险人的权利和义务。

保险标的转让的,被保险人或者受让人应当及时通知保险人,但货物运输保险合同和另有约定的合同除外。

因保险标的转让导致危险程度显著增加的,保险人自收到前款规定的通知之日起三十日内,可以按照合同约定增加保险费或者解除合同。保险人解除合同的,应当将已收取的保险费,按照合同约定扣除自保险责任开始之日起至合同解除之日止应收的部分后,退还投保人。

被保险人、受让人未履行本条第二款规定的通知义务的,因转让导致保险标的危险程度显著增加而发生的保险事故,保险人不承担赔偿保险金的责任。

第五十条 货物运输保险合同和运输工具航程保险合同,保险责任开始后,合同当事人不得解除合同。

第五十一条 被保险人应当遵守国家有关消防、安全、生产操作、劳动保护等方面的规定,维护保险标的的安全。

保险人可以按照合同约定对保险标的的安全状况进行检查,及时向投保人、被保险人提出消除不安全因素和隐患的书面建议。

投保人、被保险人未按照约定履行其对保险标的的安全应尽责任的,保险人有权要求增加保险费或者解除合同。

保险人为维护保险标的的安全,经被保险人同意,可以采取安全预防措施。

第五十二条 在合同有效期内,保险标的的危险程度显著增加的,被保险人应当按照合同约定及时通知保险人,保险人可以按照合同约定增加保险费或者解除合同。保险人解除合同的,应当将已收取的保险费,按照合同约定扣除自保险责任开始之日起至合同解除之日止应收的部分后,退还投保人。

被保险人未履行前款规定的通知义务的,因保险标的的危险程度显著增加而发生的保险事故,保险人不承担赔偿保险金的责任。

第五十三条 有下列情形之一的,除合同另有约定外,保险人应当降低保险费,并按日计算退还相应的保险费:

(一)据以确定保险费率的有关情况发生变化,保险标的的危险程度明显减少的;

(二)保险标的的保险价值明显减少的。

第五十四条 保险责任开始前,投保人要求解除合同的,应当按照合同约定向保险人支付手续费,保险人应当退还保险费。保险责任开始后,投保人要求解除合同的,保险人应当将已收取的保险费,按照合同约定扣除自保险责任开始之日起至合同解除之日止应收的部分后,退还投保人。

第五十五条 投保人和保险人约定保险标的的保险价值并在合同中载明的,保险标的发生损失时,以约定的保险价值为赔偿计算标准。

投保人和保险人未约定保险标的的保险价值的,保险标的发生损失时,以保险事故发生时保险标的的实际价值为赔偿计算标准。

保险金额不得超过保险价值。超过保险价值的,超过部分无效,保险人应当退还相应的保险费。

保险金额低于保险价值的,除合同另有约定外,保险人按照保险金额与保险价值的比例承担赔偿保险金的责任。

第五十六条 重复保险的投保人应当将重复保险的有关情况通知各保险人。

重复保险的各保险人赔偿保险金的总和不得超过保险价值。

除合同另有约定外,各保险人按照其保险金额与保险金额总和的比例承担赔偿保险金的责任。

重复保险的投保人可以就保险金额总和超过保险价值的部分,请求各保险人按比例返还保险费。

重复保险是指投保人对同一保险标的、同一保险利益、同一保险事故分别与两个以上保险人订立保险合同,且保险金额总和超过保险价值的保险。

第五十七条 保险事故发生时,被保险人应当尽力采取必要的措施,防止或者减少损失。

保险事故发生后,被保险人为防止或者减少保险标的的损失所支付的必要的、合理的费用,由保险人承担;保险人所承担的费用数额在保险标的损失赔偿金额以外另行计算,最高不超过保险金额的数额。

第五十八条 保险标的发生部分损失的,自保险人赔偿之日起三十日内,投保人可以解除合同;除合同另有约定外,保险人也可以解除合同,但应当提前十五日通知投保人。

合同解除的,保险人应当将保险标的未受损失部分的保险费,按照合同约定扣除自保险责任开始之日起至合同解除之日止应收的部分后,退还投保人。

第五十九条 保险事故发生后,保险人已支付了全部保险金额,并且保险金额等于保险价值的,受损保险标的的全部权利归于保险人;保险金额低于保险价值的,保险人按照保险金额与保险价值的比例取得受损保险标的的部分权利。

第六十条 因第三者对保险标的的损害而造成保险事故的,保险人自向被保险人赔偿保险金之日起,在赔偿金额范围内代位行使被保险人对第三者请求赔偿的权利。

前款规定的保险事故发生后,被保险人已经从第三者取得损害赔偿的,保险人赔偿保险金时,可以相应扣减被保险人从第三者已取得的赔偿金额。

保险人依照本条第一款规定行使代位请求赔偿的权利,不影响被保险人就未取得赔偿的部分向第三者请求赔偿的权利。

第六十一条　保险事故发生后,保险人未赔偿保险金之前,被保险人放弃对第三者请求赔偿的权利的,保险人不承担赔偿保险金的责任。

保险人向被保险人赔偿保险金后,被保险人未经保险人同意放弃对第三者请求赔偿的权利的,该行为无效。

被保险人故意或者因重大过失致使保险人不能行使代位请求赔偿的权利的,保险人可以扣减或者要求返还相应的保险金。

第六十二条　除被保险人的家庭成员或者其组成人员故意造成本法第六十条第一款规定的保险事故外,保险人不得对被保险人的家庭成员或者其组成人员行使代位请求赔偿的权利。

第六十三条　保险人向第三者行使代位请求赔偿的权利时,被保险人应当向保险人提供必要的文件和所知道的有关情况。

第六十四条　保险人、被保险人为查明和确定保险事故的性质、原因和保险标的的损失程度所支付的必要的、合理的费用,由保险人承担。

第六十五条　保险人对责任保险的被保险人给第三者造成的损害,可以依照法律的规定或者合同的约定,直接向该第三者赔偿保险金。

责任保险的被保险人给第三者造成损害,被保险人对第三者应负的赔偿责任确定的,根据被保险人的请求,保险人应当直接向该第三者赔偿保险金。被保险人怠于请求的,第三者有权就其应获赔偿部分直接向保险人请求赔偿保险金。

责任保险的被保险人给第三者造成损害,被保险人未向该第三者赔偿的,保险人不得向被保险人赔偿保险金。

责任保险是指以被保险人对第三者依法应负的赔偿责任为保险标的的保险。

第六十六条　责任保险的被保险人因给第三者造成损害的保险事故而被提起仲裁或者诉讼的,被保险人支付的仲裁或者诉讼费用以及其他必要的、合理的费用,除合同另有约定外,由保险人承担。

机动车交通事故责任强制保险责任限额

(2006年6月19日中国保险监督管理委员会发布　根据2020年9月9日《中国银保监会关于调整交强险责任限额和费率浮动系数的公告》修正)

在中华人民共和国境内(不含港、澳、台地区),被保险人在使用被保险机动车过程中发生交通事故,致使受害人遭受人身伤亡或者财产损失,依法应当由被保险人承担的损害赔偿责任,每次事故责任限额为:死亡伤残赔偿限额18万元,医疗费用赔偿限额1.8万元,财产损失赔偿限额0.2万元。被保险人无责任时,死亡伤残赔偿限额1.8万元,医疗费用赔偿限额1800元,财产损失赔偿限额100元。

机动车交通事故责任强制保险基础费率表

（2006 年 6 月 19 日中国保险监督管理委员会发布）

金额单位：人民币元

车辆大类	序号	车辆明细分类	保费
一、家庭自用车	1	家庭自用汽车 6 座以下	1,050
	2	家庭自用汽车 6 座及以上	1,100
二、非营业客车	3	企业非营业汽车 6 座以下	1,000
	4	企业非营业汽车 6—10 座	1,190
	5	企业非营业汽车 10—20 座	1,300
	6	企业非营业汽车 20 座以上	1,580
	7	机关非营业汽车 6 座以下	950
	8	机关非营业汽车 6—10 座	1,070
	9	机关非营业汽车 10—20 座	1,140
	10	机关非营业汽车 20 座以上	1,320

续表

车辆大类	序号	车辆明细分类	保费
三、营业客车	11	营业出租租赁 6 座以下	1,800
	12	营业出租租赁 6—10 座	2,360
	13	营业出租租赁 10—20 座	2,580
	14	营业出租租赁 20—36 座	3,730
	15	营业出租租赁 36 座以上	3,880
	16	营业城市公交 6—10 座	2,250
	17	营业城市公交 10—20 座	2,520
	18	营业城市公交 20—36 座	3,270
	19	营业城市公交 36 座以上	4,250
	20	营业公路客运 6—10 座	2,350
	21	营业公路客运 10—20 座	2,620
	22	营业公路客运 20—36 座	3,420
	23	营业公路客运 36 座以上	4,690
四、非营业货车	24	非营业货车 2 吨以下	1,200
	25	非营业货车 2—5 吨	1,630
	26	非营业货车 5—10 吨	1,750
	27	非营业货车 10 吨以上	2,220
五、营业货车	28	营业货车 2 吨以下	1,850
	29	营业货车 2—5 吨	3,070
	30	营业货车 5—10 吨	3,450
	31	营业货车 10 吨以上	4,480

续表

车辆大类	序号	车辆明细分类	保费
六、特种车	32	特种车一	6,040
	33	特种车二	2,430
	34	特种车三	1,320
	35	特种车四	5,660
七、摩托车	36	摩托车 50CC 及以下	120
	37	摩托车 50CC—250CC(含)	180
	38	摩托车 250CC 以上及侧三轮	400
八、拖拉机	39	农用型拖拉机 14.7KW 及以下	待定
	40	农用型拖拉机 14.7KW 以上	待定
	41	运输型拖拉机 14.7KW 及以下	待定
	42	运输型拖拉机 14.7KW 以上	待定

1. 座位和吨位的分类都按照“含起点不含终点”的原则来解释；

2. 特种车一：油罐车、汽罐车、液罐车、冷藏车；

特种车二：用于牵引、清障、清扫、清洁、起重、装卸、升降、搅拌、挖掘、推土等的各种专用机动车；

特种车三：装有固定专用仪器设备从事专业工作的监测、消防、医疗、电视转播等的各种专用机动车；

特种车四：集装箱拖头。

3. 挂车根据实际的使用性质并按照对应吨位货车的 50% 计算。

机动车交通事故责任强制保险费率浮动暂行办法

（2007 年 6 月 27 日中国保险监督管理委员会发布 根据 2020 年 9 月 9 日《中国银保监会关于调整交强险责任限额和费率浮动系数的公告》修正）

一、根据国务院《机动车交通事故责任强制保险条例》第八条的有关规定，制定本办法。

二、从 2007 年 7 月 1 日起签发的机动车交通事故责任强制保险（以下简称交强险）保单，按照本办法，实行交强险费率与道路交通事故相联系浮动。

三、交强险费率浮动因素及比率如下：

1. 内蒙古、海南、青海、西藏 4 个地区实行以下费率调整方案 A：

	浮动因素	浮动比率
与道路交通事故相联系的浮动方案 A	A1,上一个年度未发生有责任道路交通事故	-30%
	A2,上两个年度未发生有责任道路交通事故	-40%
	A3,上三个及以上年度未发生有责任道路交通事故	-50%
	A4,上一个年度发生一次有责任不涉及死亡的道路交通事故	0%
	A5,上一个年度发生两次及两次以上有责任道路交通事故	10%
	A6,上一个年度发生有责任道路交通死讯事故	30%

2. 陕西、云南、广西 3 个地区实行以下费率调整方案 B:

	浮动因素	浮动比率
与道路交通事故相联系的浮动方案 B	B1,上一个年度未发生有责任道路交通事故	-25%
	B2,上两个年度未发生有责任道路交通事故	-35%
	B3,上三个及以上年度未发生有责任道路交通事故	-45%
	B4,上一个年度发生一次有责任不涉及死亡的道路交通事故	0%
	B5,上一个年度发生两次及两次以上有责任道路交通事故	10%
	B6,上一个年度发生有责任道路交通死讯事故	30%

3. 甘肃、吉林、山西、黑龙江、新疆5个地区实行以下费率调整方案C:

	浮动因素	浮动比率
与道路交通事故相联系的浮动方案C	C1,上一个年度未发生有责任道路交通事故	-20%
	C2,上两个年度未发生有责任道路交通事故	-30%
	C3,上三个及以上年度未发生有责任道路交通事故	-40%
	C4,上一个年度发生一次有责任不涉及死亡的道路交通事故	0%
	C5,上一个年度发生两次及两次以上有责任道路交通事故	10%
	C6,上一个年度发生有责任道路交通死讯事故	30%

4. 北京、天津、河北、宁夏4个地区实行以下费率调整方案D:

	浮动因素	浮动比率
与道路交通事故相联系的浮动方案D	D1,上一个年度未发生有责任道路交通事故	-15%
	D2,上两个年度未发生有责任道路交通事故	-25%
	D3,上三个及以上年度未发生有责任道路交通事故	-35%
	D4,上一个年度发生一次有责任不涉及死亡的道路交通事故	0%
	D5,上一个年度发生两次及两次以上有责任道路交通事故	10%
	D6,上一个年度发生有责任道路交通死讯事故	30%

5. 江苏、浙江、安徽、上海、湖南、湖北、江西、辽宁、河南、福建、重庆、山东、广东、深圳、厦门、四川、贵州、大连、青岛、宁波20个地区实行以下费率调整方案E：

	浮动因素	浮动比率
与道路交通事故相联系的浮动方案E	E1，上一个年度未发生有责任道路交通事故	-10%
	E2，上两个年度未发生有责任道路交通事故	-20%
	E3，上三个及以上年度未发生有责任道路交通事故	-30%
	E4，上一个年度发生一次有责任不涉及死亡的道路交通事故	0%
	E5，上一个年度发生两次及两次以上有责任道路交通事故	10%
	E6，上一个年度发生有责任道路交通死讯事故	30%

四、交强险最终保险费计算方法是：交强险最终保险费＝交强险基础保险费×（1＋与道路交通事故相联系的浮动比率X，X取ABCDE方案其中之一对应的值）。

五、交强险基础保险费根据中国保监会批复中国保险行业协会《关于中国保险行业协会制定机动交通事故责任强制保险行业协会条款费率的批复》（保监产险〔2006〕638号）执行。

六、交强险费率浮动标准根据被保险机动车所发生的道路交通事故计算。摩托车和拖拉机暂不浮动。

七、与道路交通事故相联系的浮动比率X为X1至X6其中之一，不累加。同时满足多个浮动因素的，按照向上浮动或者向下浮动比率的高者计算。

八、仅发生无责任道路交通事故的，交强险费率仍可享受向下浮动。

九、浮动因素计算区间为上期保单出单日至本期保单出单日之间。

十、与道路交通事故相联系浮动时,应根据上年度交强险已赔付的赔案浮动。上年度发生赔案但还未赔付的,本期交强险费率不浮动,直至赔付后的下一年度交强险费率向上浮动。

十一、几种特殊情况的交强险费率浮动方法

(一)首次投保交强险的机动车费率不浮动。

(二)在保险期限内,被保险机动车所有权转移,应当办理交强险合同变更手续,且交强险费率不浮动。

(三)机动车临时上道路行驶或境外机动车临时入境投保短期交强险的,交强险费率不浮动。其他投保短期交强险的情况下,根据交强险短期基准保险费并按照上述标准浮动。

(四)被保险机动车经公安机关证实丢失后追回的,根据投保人提供的公安机关证明,在丢失期间发生道路交通事故的,交强险费率不向上浮动。

(五)机动车上一期交强险保单满期后未及时续保的,浮动因素计算区间仍为上期保单出单日至本期保单出单日之间。

(六)在全国车险信息平台联网或全国信息交换前,机动车跨省变更投保地时,如投保人能提供相关证明文件的,可享受交强险费率向下浮动。不能提供的,交强险费率不浮动。

十二、交强险保单出单日距离保单起期最长不能超过三个月。

十三、除投保人明确表示不需要的,保险公司应当在完成保险费计算后、出具保险单以前,向投保人出具《机动车交通事故责任强制保险费率浮动告知书》(附件),经投保人签章确认后,再出具交强险保单、保险标志。投保人有异议的,应告知其有关道路交通事故的查询方式。

十四、已经建立车险联合信息平台的地区,通过车险联合信息平台实现交强险费率浮动。除当地保险监管部门认可的特殊情形以外,《机动车交通事故责任强制保险费率浮动告知书》和交强险保单必须通过车险信息平台出具。

未建立车险信息平台的地区,通过保险公司之间相互报盘、简易理赔共享查询系统或者手工方式等,实现交强险费率浮动。

十五、本办法适用于从2007年7月1日起签发的交强险保单。2007年7月1日前已签发的交强险保单不适用本办法。

附件:(略)

机动车交通事故责任强制保险条款

特别提示:为充分保障您的权益,请您仔细阅读本条款。机动车交通事故责任强制保险向您提供的是因交通事故造成的对受害人损害赔偿责任风险的基本保障。每辆机动车只需投保一份机动车交通事故责任强制保险,请不要重复投保。

在投保本保险后,您可以投保其他机动车保险。

总　　则

第一条　根据《中华人民共和国道路交通安全法》、《中华人民共和国保险法》、《机动车交通事故责任强制保险条例》等法律、行政法规,制定本条款。

第二条 机动车交通事故责任强制保险(以下简称交强险)合同由本条款与投保单、保险单、批单和特别约定共同组成。凡与交强险合同有关的约定,都应当采用书面形式。

第三条 交强险费率实行与被保险机动车道路交通安全违法行为、交通事故记录相联系的浮动机制。

签订交强险合同时,投保人应当一次支付全部保险费。保险费按照中国银行保险监督管理委员会(以下简称银保监会)批准的交强险费率计算。

定 义

第四条 交强险合同中的被保险人是指投保人及其允许的合法驾驶人。

投保人是指与保险人订立交强险合同,并按照合同负有支付保险费义务的机动车的所有人、管理人。

第五条 交强险合同中的受害人是指因被保险机动车发生交通事故遭受人身伤亡或者财产损失的人,但不包括被保险机动车本车车上人员、被保险人。

第六条 交强险合同中的责任限额是指被保险机动车发生交通事故,保险人对每次保险事故所有受害人的人身伤亡和财产损失所承担的最高赔偿金额。责任限额分为死亡伤残赔偿限额、医疗费用赔偿限额、财产损失赔偿限额以及被保险人在道路交通事故中无责任的赔偿限额。其中无责任的赔偿限额分为无责任死亡伤残赔偿限额、无责任医疗费用赔偿限额以及无责任财产损失赔偿限额。

第七条 交强险合同中的抢救费用是指被保险机动车发生交通事故导致受害人受伤时,医疗机构对生命体征不平稳和虽然生命体征平稳但如果不采取处理措施会产生生命危险，或者导致残疾、器官功能障碍，或者导致病程明显延长的受害人，参照国务院卫生主管部门组织制定的交通事故人员创伤临床诊疗指南和国家基本医疗保险标准，采取必要的处理措施所发生的医疗费用。

保险责任

第八条 在中华人民共和国境内（不含港、澳、台地区），被保险人在使用被保险机动车过程中发生交通事故，致使受害人遭受人身伤亡或者财产损失，依法应当由被保险人承担的损害赔偿责任，保险人按照交强险合同的约定对每次事故在下列赔偿限额内负责赔偿：

（一）死亡伤残赔偿限额为 180000 元；

（二）医疗费用赔偿限额为 18000 元；

（三）财产损失赔偿限额为 2000 元；

（四）被保险人无责任时，无责任死亡伤残赔偿限额为 18000 元；无责任医疗费用赔偿限额为 1800 元；无责任财产损失赔偿限额为 100 元。

死亡伤残赔偿限额和无责任死亡伤残赔偿限额项下负责赔偿丧葬费、死亡补偿费、受害人亲属办理丧葬事宜支出的交通费用、残疾赔偿金、残疾辅助器具费、护理费、康复费、交通费、被扶养人生活费、住宿费、误工费，被保险人依照法院判决或者调解承担的精神损害抚慰金。

医疗费用赔偿限额和无责任医疗费用赔偿限额项下负责赔偿医药费、诊疗费、住院费、住院伙食补助费，必要的、合理的后续治疗费、整容费、营养费。

垫付与追偿

第九条 被保险机动车在本条(一)至(四)之一的情形下发生交通事故,造成受害人受伤需要抢救的,保险人在接到公安机关交通管理部门的书面通知和医疗机构出具的抢救费用清单后,按照国务院卫生主管部门组织制定的交通事故人员创伤临床诊疗指南和国家基本医疗保险标准进行核实。对于符合规定的抢救费用,保险人在医疗费用赔偿限额内垫付。被保险人在交通事故中无责任的,保险人在无责任医疗费用赔偿限额内垫付。对于其他损失和费用,保险人不负责垫付和赔偿。

(一)驾驶人未取得驾驶资格的;

(二)驾驶人醉酒的;

(三)被保险机动车被盗抢期间肇事的;

(四)被保险人故意制造交通事故的。

对于垫付的抢救费用,保险人有权向致害人追偿。

责 任 免 除

第十条 下列损失和费用,交强险不负责赔偿和垫付:

(一)因受害人故意造成的交通事故的损失;

(二)被保险人所有的财产及被保险机动车上的财产遭受的损失;

(三)被保险机动车发生交通事故,致使受害人停业、停驶、停电、停水、停气、停产、通讯或者网络中断、数据丢失、电压变化等造成的损失以及受害人财产因市场价格变动造成的贬值、修理后因价值降低造成的损失等其他各种间接损失;

(四)因交通事故产生的仲裁或者诉讼费用以及其他相关费用。

保险期间

第十一条 除国家法律、行政法规另有规定外,交强险合同的保险期间为一年,以保险单载明的起止时间为准。

投保人、被保险人义务

第十二条 投保人投保时,应当如实填写投保单,向保险人如实告知重要事项,并提供被保险机动车的行驶证和驾驶证复印件。重要事项包括机动车的种类、厂牌型号、识别代码、号牌号码、使用性质和机动车所有人或者管理人的姓名(名称)、性别、年龄、住所、身份证或者驾驶证号码(统一社会信用代码)、续保前该机动车发生事故的情况以及银保监会规定的其他事项。

投保人未如实告知重要事项,对保险费计算有影响的,保险人按照保单年度重新核定保险费计收。

第十三条 签订交强险合同时,投保人不得在保险条款和保险费率之外,向保险人提出附加其他条件的要求。

第十四条 投保人续保的,应当提供被保险机动车上一年度交强险的保险单。

第十五条 在保险合同有效期内,被保险机动车因改装、加装、使用性质改变等导致危险程度增加的,被保险人应当及时通知保险人,并办理批改手续。否则,保险人按照保单年度重新核定保险费计收。

第十六条 被保险机动车发生交通事故,被保险人应当及时采取合理、必要的施救和保护措施,并在事故发生后及时通知保险人。

第十七条 发生保险事故后,被保险人应当积极协助保险人进行现场查勘和事故调查。

发生与保险赔偿有关的仲裁或者诉讼时,被保险人应当及时书面通知保险人。

赔偿处理

第十八条 被保险机动车发生交通事故的,由被保险人向保险人申请赔偿保险金。被保险人索赔时,应当向保险人提供以下材料:

(一)交强险的保险单;

(二)被保险人出具的索赔申请书;

(三)被保险人和受害人的有效身份证明、被保险机动车行驶证和驾驶人的驾驶证;

(四)公安机关交通管理部门出具的事故证明,或者人民法院等机构出具的有关法律文书及其他证明;

(五)被保险人根据有关法律法规规定选择自行协商方式处理交通事故的,应当提供依照《交通事故处理程序规定》规定的记录交通事故情况的协议书;

(六)受害人财产损失程度证明、人身伤残程度证明、相关医疗证明以及有关损失清单和费用单据;

(七)其他与确认保险事故的性质、原因、损失程度等有关的证明和资料。

第十九条 保险事故发生后,保险人按照国家有关法律法规规定的赔偿范围、项目和标准以及交强险合同的约定,并根据国务院卫生主管部门组织制定的交通事故人员创伤临床诊疗指南和国家基本医疗保险标准,在交强险的责任限额内核定人身伤亡的赔偿金额。

第二十条 因保险事故造成受害人人身伤亡的,未经保险人书面同意,被保险人自行承诺或支付的赔偿金额,保险人在交强险责任限额内有权重新核定。

因保险事故损坏的受害人财产需要修理的,被保险人应当在修理前会同保险人检验,协商确定修理或者更换项目、方式和费用。否则,保险人在交强险责任限额内有权重新核定。

第二十一条 被保险机动车发生涉及受害人受伤的交通事故,因抢救受害人需要保险人支付抢救费用的,保险人在接到公安机关交通管理部门的书面通知和医疗机构出具的抢救费用清单后,按照国务院卫生主管部门组织制定的交通事故人员创伤临床诊疗指南和国家基本医疗保险标准进行核实。对于符合规定的抢救费用,保险人在医疗费用赔偿限额内支付。被保险人在交通事故中无责任的,保险人在无责任医疗费用赔偿限额内支付。

合同变更与终止

第二十二条 在交强险合同有效期内,被保险机动车所有权发生转移的,投保人应当及时通知保险人,并办理交强险合同变更手续。

第二十三条 在下列三种情况下,投保人可以要求解除交强险合同:

(一)被保险机动车被依法注销登记的;

(二)被保险机动车办理停驶的;

(三)被保险机动车经公安机关证实丢失的。

交强险合同解除后，投保人应当及时将保险单、保险标志交还保险人；无法交回保险标志的，应当向保险人说明情况，征得保险人同意。

第二十四条 发生《机动车交通事故责任强制保险条例》所列明的投保人、保险人解除交强险合同的情况时，保险人按照日费率收取自保险责任开始之日起至合同解除之日止期间的保险费。

附 则

第二十五条 因履行交强险合同发生争议的，由合同当事人协商解决。

协商不成的，提交保险单载明的仲裁委员会仲裁。保险单未载明仲裁机构或者争议发生后未达成仲裁协议的，可以向人民法院起诉。

第二十六条 交强险合同争议处理适用中华人民共和国法律。

第二十七条 本条款未尽事宜，按照《机动车交通事故责任强制保险条例》执行。

机动车交通事故责任强制保险承保、理赔实务规程要点

第一章 承保实务规程

第一节 说明和告知

一、保险人向投保人介绍条款、履行明确说明义务

（一）向投保人介绍条款，主要包括：保险责任、各项赔偿限额、责任免除、投保人义务、被保险人义务、赔偿处理等内容。

特别对责任免除事项，要向投保人明确说明。

（二）向投保人明确说明机动车交通事故责任强制保险（以下简称交强险）各分项赔偿限额。

（三）向投保人明确说明，保险人按照国务院卫生主管部门组织制定交通事故人员创伤临床诊疗指南和国家基本医疗保险标准进行审核医疗费用。

（四）告知投保人不要重复投保交强险，即使投保多份也只能获得一份保险保障。

（五）提醒有挡风玻璃的机动车的投保人将保险标志贴在车内挡风玻璃右上角；无挡风玻璃的机动车（摩托车、拖拉机）的驾驶人要随身携带。

（六）告知投保人如何查询交通安全违法行为、交通事故

记录。

二、提醒投保人履行如实告知义务

(一)投保人应提供以下资料。

1. 首次投保交强险的,投保人应提供投保机动车行驶证和驾驶证复印件。

2. 对于续保业务,投保人需要提供上期交强险保险单原件或其他能证明上年已投保交强险的书面文件。未建立交通事故责任交强险信息平台的地区,投保人不能提供机动车上年交通安全违法行为、交通事故记录的,保险人不给予相应的费率优惠;建立交通事故责任交强险信息平台的地区,根据信息平台记录的信息相应浮动费率。

(二)要求投保人对重要事项履行如实告知义务。

重要事项包括以下内容:

1. 机动车种类、厂牌型号、识别代码、牌照号码、使用性质;

2. 机动车所有人或者管理人的姓名(名称)、性别、年龄、住址、身份证或驾驶证号码(组织机构代码);

3. 续保前该机动车交通安全违法行为、交通事故记录等影响费率水平的事项(交强险实施第一年不需要提供);

4. 保监会规定的其他事项。

(三)要求投保人提供联系电话、地址、邮政编码等,以便于保险人提供保险服务。

(四) 交强险合同解除后,投保人应当及时将保险单、保险标志交还保险人核销(若标志残损,只要可辨认,即可核销)。

第二节　投保单填写

一、保险人应指导投保人正确填写投保单,投保单至少应当载明机动车的种类、厂牌型号、识别代码、号牌号码、使用性质，投保机动车所有人或者管理人的姓名（名称）、性别、年龄、住所、身份证或者驾驶证号码（组织机构代码），以及续保前投保机动车交通安全违法行为、交通事故记录等影响费率水平的事项。

二、要求投保人真实、准确填写交强险投保单的各项信息，并在投保单上签字或加盖公章。

三、投保人提供的资料复印件附贴于投保单背面。

四、保险期间的起期必须在保险人接受投保人的投保申请日之后，保险期间开始前保险人不承担赔偿责任。

五、交强险的保险期间为 1 年，但有下列情形之一的，投保人可以投保短期保险：

（一）临时入境的境外机动车；

（二）距报废期限不足一年的机动车；

（三）临时上道路行驶的机动车（例如：领取临时牌照的机动车，临时提车，到异地办理注册登记的新购机动车等）；

（四）保监会规定的其他情形。

第三节 保险费计算

一、保险人必须按照保监会审批的机动车交通事故责任强制保险费率方案（简称交强险费率方案）计算、收取保险费。

二、投保短期保险的，按照短期月费率计算保费。

三、保险费必须一次全部收取，不得分期收费。

四、除保监会审批的交强险费率方案中费率浮动办法规定的优惠外，保险人不得给予投保人任何返还、折扣和额外优惠。

五、保险费率与被保险机动车交通违法行为、事故记录相联系的浮动机制开始执行后，保险公司应当在完成保险费计算后、出具保险单以前，向投保人出具《机动车交通事故责任强制保险费率浮动告知书》(附件一)，经投保人签章确认后，再出具保险单、保险标志。

交通事故包括经公安交通管理部门认定的交通事故，以及虽未经公安交通管理部门认定，但保险人已经在交强险项下承担赔偿责任的事故。

第四节　出具保险单、保险标志

一、保险人必须在收取保险费后方可出具保险单、保险标志。

二、保险单必须单独编制保险单号码并通过业务处理系统出具。

三、交强险必须单独出具保险单、保险标志、发票。保险单、保险标志必须使用保监会监制的交强险保险单、保险标志，不得使用商业保险单证代替。

四、投保人因交强险保险单、保险标志发生损毁或者遗失申请补办的，保险人应在收到补办申请及报失认定证明后的5个工作日内完成审核，补发相应的交强险保险单、保险标志；并通过业务系统重新打印保险单、保险标志，新保险单、保险标志的印刷流水号码与原保险单号码能够通过系统查询到对应关系。

五、对于业务分散的摩托车、农用型拖拉机业务可以使用定额保险单，定额保险单可以手工出单，但必须在出具保险单后的7个工作日内，准确补录到业务处理系统中。

对于运输型拖拉机不使用定额保险单。

第五节　保险合同变更和终止

一、保险人解除合同。投保人对重要事项未履行如实告知义务,保险人解除合同前,应当书面通知(附件二)投保人,投保人应当自收到通知之日起5日内履行如实告知义务;投保人在上述期限内履行如实告知义务的,保险人不得解除合同。

保险人解除合同的(附件三),保险人应收回保险单、保险标志,并书面通知(附件五)机动车管理部门。

二、除下列情况外,不得接受投保人解除合同的申请(附件四):

(一)被保险机动车被依法注销登记的;

(二)被保险机动车办理停驶的;

(三)被保险机动车经公安机关证实丢失的;

(四)投保人重复投保交强险的。

办理合同解除手续时,投保人应提供相应的证明材料,保险人应收回交强险保险单、保险标志后,方可办理交强险退保手续,并书面通知机动车管理部门。

投保人因重复投保解除交强险合同的,只能解除保险期间的起期在后面的保险合同,保险人全额退还起期在后面的保险合同的保险费,出险时由起期在前的保险合同负责赔偿。

三、发生以下变更事项时,保险人应对保险单进行批改,并根据变更事项增加或减少保险费:

(一)被保险机动车转卖、转让、赠送他人;

(二)被保险机动车变更使用性质;

(三)变更其他事项。

禁止批改交强险的保险期间。

上述批改按照日费率增加或减少保险费。

四、发生下列情形时,保险人应对保险单进行批改,并按照保单年度重新核定保险费计收:

(一)投保人未如实告知重要事项,对保险费计算有影响的;

(二)在保险合同有效期限内,被保险机动车因改装、加装、使用性质改变等导致危险程度增加，未及时通知保险人，且未办理批改手续的。

第二章　理赔实务规程

第一节　接报案和理赔受理

一、接到被保险人或者受害人报案后，应询问有关情况，并立即告知被保险人或者受害人具体的赔偿程序等有关事项。

涉及人员伤亡或事故一方没有投保交强险的，应提醒事故当事人立即向当地交通管理部门报案。

二、保险人应对报案情况进行详细记录，并统一归档管理。

三、被保险机动车发生交通事故的，应由被保险人向保险人申请赔偿保险金。保险人应当自收到赔偿申请之日起 1 个工作日内，以索赔须知的方式书面告知被保险人需要向保险公司提供的与赔偿有关的证明和资料。保险人应当自收到被保险人提供的证明和资料之日起 5 个工作日内，对是否属于保险责任作出核定，并将结果通知被保险人；对不属于保险责任的，应当书面说明理由（附件六）；对属于保险责任的，在与被保险人达成赔偿协议后 10 个工作日内赔偿保险金。

索赔须知必须通俗、易懂，并根据实际案情勾选以下与赔偿有关的证明和资料：

索赔申请书，机动车交通事故责任强制保险单正本，交通事故责任认定书，调解书，简易事故处理书，交通事故自行协商处理协议书，法院或仲裁机构的裁定书、裁决书、调解书、判决书、仲裁书，车辆定损单，车辆修理发票，财产损失清单，医院诊断证明，医疗费报销凭证，误工证明及收入情况证明，伤残鉴定书，死亡证明，被扶养人证明材料，户籍证明，机动车行驶证，机动车驾驶证，被保险人身份证明，领取赔款人身份证明等。

第二节 查勘和定损

一、事故各方机动车的保险人在接到客户报案后，均有责任进行查勘，对受害人的损失进行核定。

二、事故任何一方的估计损失超过交强险赔偿限额的，应提醒事故各方当事人依法进行责任划分。

三、事故涉及多方保险人，但存在一方或多方保险人未能进行查勘定损的案件，未能进行查勘定损的保险人，可委托其他保险人代为查勘定损。接受委托的保险人，应向委托方的被保险人提供查勘报告、事故/损失照片和损失情况确认书。损失情况确认书一车一份，并由事故各方签字确认。

第三节 垫付和追偿

一、抢救费用垫付条件

（一）符合《机动车交通事故责任强制保险条例》第二十二条规定的情形；

（二）接到公安机关交通管理部门要求垫付的通知书；

（三）受害人必须抢救，且抢救费用已经发生，抢救医院提供了抢救费用单据和明细项目；

（四）不属于应由道路交通事故社会救助基金垫付的抢救费用。

二、垫付标准

（一）按照交通事故人员创伤临床诊疗指南和抢救地的国家

基本医疗保险的标准，在交强险医疗费用赔偿限额或无责任医疗费用赔偿限额内垫付抢救费用；

（二）被抢救人数多于一人且在不同医院救治的，在医疗费用赔偿限额或无责任医疗费用赔偿限额内按人数进行均摊；也可以根据医院和交警的意见，在限额内酌情调整。

三、垫付方式

自收到交警部门出具的书面垫付通知、伤者病历/诊断证明、抢救费用单据和明细之日起，及时向抢救受害人的医院出具《承诺垫付抢救费用担保函》（附件七，或将垫付款项划转至抢救医院在银行开立的专门账户，不进行现金垫付。

四、追偿

对于所有垫付的案件，保险人垫付后有权向致害人追偿。追偿收入在扣减相关法律费用（诉讼费、律师费、执行费等）、追偿费用后，全额冲减垫付款。

第四节 赔偿处理

一、赔偿原则

保险人在交强险责任范围内负责赔偿被保险机动车因交通事故造成的对受害人的损害赔偿责任。

二、抢救费用支付

交通事故属于保险责任，因抢救受害人需要保险人支付抢救费用的，保险人在接到公安机关交通管理部门的书面通知和医疗机构出具的抢救费用清单后，支付标准和支付方式参照 本实务第二章第三节二、三的规定执行。

交通事故不属于保险责任或者应由道路交通事故社会救助基金垫付的抢救费用，保险人不予以支付。

三、赔款计算

(一)保险人在交强险各分项赔偿限额内,对受害人人身伤亡、财产损失分别计算赔偿。

基本计算公式为:

总赔款 = ∑各分项损失赔款 = 受害人死亡伤残赔款 + 受害人医疗费用赔款 + 受害人财产损失赔款

各分项损失赔款 = 各分项核定损失金额

各分项核定损失金额超过各分项赔偿限额的,按各分项赔偿限额计算赔偿。

(二)下列情况下,保险人按以下方式计算赔偿:

1. 两辆及两辆以上机动车交通事故的赔偿。

(1)交通管理部门未确定保险事故各方机动车在交强险项下所承担的赔偿责任时,按照以下方式进行赔偿。

各分项核定损失金额 = 交通事故中被保险机动车以外的所有受害人的各分项核定损失金额之和 ÷ (N - 1)

N 为交通事故肇事机动车的数量。

(2)交通管理部门已确定保险事故各方机动车在交强险项下所承担的赔偿责任时,按照以下方式进行赔偿。

各分项核定损失金额 = 交通管理部门确定的被保险机动车对事故中所有受害人承担的各分项损失之和。

(3)肇事机动车中有未投保交强险的,视同投保机动车计算赔款。

2. 机动车与非机动车、行人的交通事故的赔偿。

(1)事故中所有受害人的分项核定损失之和在交强险分项赔偿限额之内的,按实际损失计算赔偿。

(2)事故中所有受害人的分项核定损失之和超过交强险分项赔偿限额的,按分项赔偿限额计算赔偿。

(3)交通管理部门已确定保险事故各方机动车在交强险项下所承担的赔偿责任时,按照以下方式进行赔偿。

各分项核定损失金额 = 交通管理部门确定的被保险机动车对事故中所有受害人承担的各分项损失之和

(4)多辆被保险机动车碰撞非机动车或行人的,各被保险机动车的保险人分别在交强险的责任限额内承担赔偿责任,若交通管理部门未确定事故各方机动车应承担的赔偿责任,各被保险机动车的保险人对各受害人的各分项损失平均分摊,并在对应的分项赔偿限额内计算赔偿。

3. 两辆及两辆以上机动车与多个非机动车、行人的交通事故,参照本节上述规定计算赔偿。

对于非机动车、行人、车外财产损失,参照1、(1)计算公式,但分母为N。

4. 受害人财产损失需要施救的,财产损失赔款与施救费累计不超过财产损失赔偿限额。

5. 主车和挂车在连接使用时发生交通事故,主车与挂车的交强险保险人分别在各自的责任限额内承担赔偿责任。若交通管理部门未确定主车、挂车应承担的赔偿责任,主车、挂车的保险人对各受害人的各分项损失平均分摊,并在对应的分项赔偿限额内计算赔偿。主车与挂车由不同被保险人投保的,在连接使用时发生交通事故并造成各车损失的,按互为三者的原则处理。

6. 被保险机动车投保一份以上交强险的,保险期间起期在前的保险合同承担赔偿责任,起期在后的不承担赔偿责任。

(三)死亡伤残费用和医疗费用的核定标准

按照《最高人民法院〈关于审理人身损害赔偿案件适用法律若干问题的解释〉》规定的赔偿范围、项目和标准,公安部颁布的《道路交通事故受伤人员伤残评定》(GB 18667 - 2002),以及交通事故人员创伤临床诊疗指南和交通事故发生地的基本医疗标准核定人身伤亡的赔偿金额。

（四）对被保险人依照法院判决或者调解承担的精神损害抚慰金，原则上在其他赔偿项目足额赔偿后，在死亡伤残赔偿限额内赔偿。

第五节　支付赔款

一、支付赔款

未建立机动车交通事故责任交强险信息平台的，保险人支付赔款后应在保险单正本上加盖“×年×月×日出险，负××（全部、主要、同等、次要）责任，××（有无）伤人”条形章。

二、单证分割

如果交强险和商业三者险在不同的保险公司投保，如损失金额超过交强险责任限额，由交强险承保公司留存已赔偿部分发票或费用凭据原件，将需要商业保险赔付的项目原始发票或发票复印件，加盖保险人赔款专用章，交被保险人办理商业险索赔事宜。

第六节　直接向受害人支付赔款的赔偿处理

一、发生受害人人身伤亡，且符合下列条件之一的，保险人可以受理受害人的索赔：

（一）被保险人出具书面授权书（附件八）；

（二）人民法院签发的判决书或执行书；

（三）被保险人死亡、失踪、逃逸、丧失索赔能力或书面放弃索赔权利；

（四）法律规定的其他情形。

二、受害人索赔时应当向保险人提供以下材料：

（一）人民法院签发的判决书或执行书或交警部门出具的交通事故责任认定书和调解书原件；

（二）受害人的有效身份证明；

（三）受害人人身伤残程度证明以及有关损失清单和费用单据；

（四）其他与确认保险事故的性质、原因、损失程度等有关的证明和资料。

经被保险人书面授权的，还应提供被保险人书面授权书。

三、赔款计算

保险事故涉及多个受害人的，在所有受害人均提出索赔申请，且受害人所有材料全部提交后，保险人方可计算赔款。

（一）事故中所有受害人的分项核定损失之和在交强险分项赔偿限额之内的，按实际损失计算赔偿。

（二）保险事故中各分项赔偿限额下核定损失之和超过交强险各分项赔偿限额的，保险人按照各分项赔偿限额下各受害人的核定损失金额占所有受害人的总核定损失金额的比例，乘以相应赔偿限额，计算被保险人对各受害人的分项赔偿金额。

某一受害人得到的被保险人交强险项下的分项赔偿金额=各分项赔偿限额×（事故中某一受害人的分项核定损失金额/事故中所有受害人的分项核定损失金额之和）

第七节 结案和归档

一、理赔单证

保险人向被保险人或受害人支付赔款后，将赔案所有单证按赔案号进行归档。必备单证包括：

（一）保单抄件；

（二）报案记录、被保险人书面索赔申请；

（三）查勘报告、现场照片及损失项目照片、损失情况确认书、医疗费用原始票据及费用清单、赔款计算书。以上原始票据，由查勘定损的保险公司留存；

（四）行驶证及驾驶证复印件，被保险人和受害人的身份证明复印件（如直接支付给受害人）；

（五）公安机关交通管理部门或法院等机构出具的合法事故证明、有关法律文件及其他证明，当事人自行协商处理的协议书；

（六）其他能够确认保险事故性质、原因、损失程度等的有关证明、协议及文字记录；

（七）赔款收据、领取赔款授权书。

二、有关赔付情况应于赔付后 3 个工作日内上传至机动车事故责任交强险信息平台。

附件：（略）